Bryn Mawr Latin Commentaries

Editors

Julia Haig Gaisser — *Bryn Mawr College*

James J. O'Donnell — *University of Pennsylvania*

The purpose of the Bryn Mawr Latin Commentaries is to make a wide range of classical and post-classical authors accessible to the intermediate student. Each commentary provides the minimum grammatical and lexical information necessary for a first reading of the text.

Bryn Mawr Latin Commentaries

Juvenal
Satura VI

Amy Richlin

Thomas Library
Bryn Mawr College

The Bryn Mawr Latin Commentaries are supported by a generous grant from the Division of Education Programs of the National Endowment for the Humanities

Manufactured in the United States of America

ISBN-0-929524-42-X

Printed and distributed by:
Bryn Mawr Commentaries
Thomas Library
Bryn Mawr College
101 North Merion Avenue
Bryn Mawr, PA 19010

PREFACE

Juvenal 6 is a monument of misogynistic satire and shows one of the greatest Roman satirists at his stylistic best. It is thus worth reading in Latin for the sake of both entertainment and astonishment; rarely has the hatred of women been so elegantly packaged. It also must be read, as must all of Juvenal, with courage in the face of difficult diction; for this reason, I have made the notes on the full side, but even if this full seems scanty to you, persevere—he does repeat his tricks.

Very little is known about Juvenal himself other than what people deduce from his satires. The chief speaker in *Satire* 3 implies that the poet/narrator comes from the town of Aquinum, and an inscription has been found there dedicated by a Iuvenalis. The narrator of *Satire* 1 says that he is past middle age. From internal evidence, the poems were published in the early years of the second century A.D., in the reigns of Trajan and Hadrian. *Satire* 6 probably came out in 116 or 117; the last datable event in the poems comes from 127. Martial, a Spaniard who came to Rome in the late first century A.D. and had something of a success as an epigrammatist, may have been Juvenal's friend, for he addressed several poems to a Iuvenalis. No one else among Juvenal's contemporaries mentions him. We can assume that, like Tacitus' and Martial's, his early career lay in the shadow of the reign of Domitian. That he had rhetorical training is evident from the wicked faceting of his lines. *Satire* 15 suggests that Juvenal knew Egypt; ancient biographies, notoriously unreliable, say he was exiled there as a result of his satires on the actor Paris. The pose he assumes in his satires is that of a Roman of good family but limited means, forced to curry favor with wealthy freedmen of dubious morality and foreign blood.

Fifteen satires and part of a sixteenth remain to us. *Satires* 1, 3, and 10 are the most generally read: 1 is introductory, 3 is on the city of Rome, and 10 is on the vanity of human wishes (the last two translated by Samuel Johnson). *Satire* 6, on women, is the longest. Also of interest are *Satires* 2 and 9, on male homosexuals; *Satire* 4, a depiction of a meeting of the emperor Domitian's cabinet; *Satire* 5, a banquet, in the tradition of Horace's *S.* 2.8 and Petronius' *Satyricon*; and *Satire* 15, on a cannibalistic riot in Egypt. But all the *Satires* repay study; Juvenal ranks with Tacitus and surpasses Lucan as a stylist.

The misogyny of the speaker's stance in *Satire* 6 is typical not only of Juvenal but of Roman humor in general. However, Junvenal confines himself to the stereotype of the adulterous wife, while other authors include some much harsher physical invective against women, including threats of rape. Juvenal's other main preoccupation, outside of *Satire* 6, is hatred of foreigners, especially Greeks.

Satire 6 consists of a series of loosely-connected episodes. While there is no hierarchical structure, the poem clearly has a beginning, midpoint, and end: (1) the golden age before Chastity disappeared; (2) the orgy at the rites of the Bona Dea, Chastity now a defiled statue; and (3) the discussion of women who murder their male kin. The episodes between focus on various faults attributed to women: greed, cruelty, vanity, masculine behavior, and above all promiscuity. Juvenal, or the narrator, ostensibly addresses the poem to a man named Postumus whom the narrator wishes to dissuade from getting married; but Postumus is addressed by name only three times in the poem, and the narrator usually speaks to the world at large, or to an unnamed companion, assumed to be male. A male viewpoint is thus imposed on the audience willy-nilly. Another feature surprising to the reader of Juvenal: the vignettes that make up most of the satire often feature protagonists for whom Juvenal makes up plausible names (like the figures in self-help psychology books—"Jane, a young lawyer, ..."). These are noted in the commentary as "type-names"; the practice is typical of Roman satire in general. Juvenal normally avoids writing about living people; the real people who appear among the type-names were long dead by Juvenal's day.

Considering the narrator's obvious bias it seems to me a mistake to read this satire as a record of women's lives in imperial Rome. We may achieve better results by asking what the vignettes have in common, what the narrator fears, and what behavior he is trying to foster in the male and female members of his audience. Those familiar with the ideals of Roman marriage may wish to compare Juvenal's version to see how the two sides complement each other.

* * * * *

I with to thank Julia Gaisser and James J. O'Donnell for their painstaking and patient editing, and to dedicate this volume to the memory of Frank Bourne, with thanks.

A.E.R.
Bethlehem, Pa.

July 1986

BIBLIOGRAPHY

Adams, J. N., *The Latin Sexual Vocabuary* (Baltimore, 1982): a lexicon.

Courtney, E., *A Commentary on the Satires of Juvenal* (London, 1980): the most recent commentary on Juvenal to include comment on the sixth *Satire*.

Duff, J.D., *D. Junii Juvenalis Saturarae XIV* (revised by Michael Coffey: Cambridge, 1970): a helpful commentary, except that it is based on a bowdlerized text.

Friedländer, Ludwig, *D. Junii Juvenalis Saturarum Libri V.* (Leipzig, 1895): The fullest commentary on Juvenal 6 before Courtney; in German.

Richlin, Amy, *The Garden of Priapus* (New Haven and London, 1983): includes discussion of the content of Juvenal 6, set in the context of other misogynistic satire, and of Juvenal's other satires.

NOTE

The text used below is that of W. V. Clausen (Oxford, 1959).

The text of Juvenal has many problems stemming from corruptions in the manuscripts (perpetuations of scribal errors as the manuscripts were copied and re-copied). The modern editors who study manuscripts have evolved conventional marks to indicate different situations in texts, and some of these will be found below: hopelessly corrupt words are set off by daggers, or obeli; lines suspected of having been interpolated (inserted by scribes) are in square brackets. Some lines are transposed (e.g. 118 comes before 117). *Satire* 6 has a special problem: two sections, one of 34 lines and one of two lines, unknown previously, were discovered in the late 19th century as part of a manuscript in the Bodleian library at Oxford. Thus the larger fragment is known as the Oxford, or O, fragement. It comes in the text after line 365 and is numbered *O*.1-*O*.34. The other fragment is 373A-B.

I have kept the explanations of problems in the text to a minimum, dealing only with problems marked by brackets, obeli, or transposition in the OCT.

There are a few grammatical references to Allen and Greenough, *A New Latin Grammar* (abbreviated *AG*). Works by modern critics cited by author's name in the text appear in the bibliography with full information.

D. IVNI IVVENALIS
SATVRARVM LIBRI V

LIBER SECVNDVS

SATVRA VI

CREDO Pudicitiam Saturno rege moratam
in terris uisamque diu, cum frigida paruas
praeberet spelunca domos ignemque laremque
et pecus et dominos communi clauderet umbra,
siluestrem montana torum cum sterneret uxor
frondibus et culmo uicinarumque ferarum

169 tacetis Φ: iacetis *PRFZ sicut coni. Lubinus*: sedetis *L*

pellibus, haut similis tibi, Cynthia, nec tibi, cuius
turbauit nitidos extinctus passer ocellos,
sed potanda ferens infantibus ubera magnis
et saepe horridior glandem ructante marito.
quippe aliter tunc orbe nouo caeloque recenti
uiuebant homines, qui rupto robore nati
compositiue luto nullos habuere parentes.
multa Pudicitiae ueteris uestigia forsan
aut aliqua exstiterint et sub Ioue, sed Ioue nondum
barbato, nondum Graecis iurare paratis
per caput alterius, cum furem nemo timeret
caulibus ac pomis et aperto uiueret horto.
paulatim deinde ad superos Astraea recessit
hac comite, atque duae pariter fugere sorores.
anticum et uetus est alienum, Postume, lectum
concutere atque sacri genium contemnere fulcri.
omne aliud crimen mox ferrea protulit aetas:
uiderunt primos argentea saecula moechos.
conuentum tamen et pactum et sponsalia nostra
tempestate paras iamque a tonsore magistro
pecteris et digito pignus fortasse dedisti?
certe sanus eras. uxorem, Postume, ducis?
dic qua Tisiphone, quibus exagitere colubris.
ferre potes dominam saluis tot restibus ullam,
cum pateant altae caligantesque fenestrae,
cum tibi uicinum se praebeat Aemilius pons?
aut si de multis nullus placet exitus, illud
nonne putas melius, quod tecum pusio dormit?
pusio, qui noctu non litigat, exigit a te
nulla iacens illic munuscula, nec queritur quod

13 ue *RFKOTU et ut uid. P sicut coni. Pithoeus*: que *AGHLZP*[2]
18 ac *Φ*: et *PR* 28 ducis *PRATU*: duces *Φ. legi non potest G*
29 exagitere *OUZ*: exagitare *PRΦ*

et lateri parcas nec quantum iussit anheles.
  sed placet Vrsidio lex Iulia: tollere dulcem
cogitat heredem, cariturus turture magno
mullorumque iubis et captatore macello.
quid fieri non posse putes, si iungitur ulla
Vrsidio? si moechorum notissimus olim
stulta maritali iam porrigit ora capistro,
quem totiens texit perituri cista Latini?
quid quod et antiquis uxor de moribus illi
quaeritur? o medici, nimiam pertundite uenam.
delicias hominis! Tarpeium limen adora
pronus et auratam Iunoni caede iuuencam,
si tibi contigerit capitis matrona pudici.
paucae adeo Cereris uittas contingere dignae,
quarum non timeat pater oscula. necte coronam
postibus et densos per limina tende corymbos.
unus Hiberinae uir sufficit? ocius illud
extorquebis, ut haec oculo contenta sit uno.
magna tamen fama est cuiusdam rure paterno
uiuentis. uiuat Gabiis ut uixit in agro,
uiuat Fidenis, et agello cedo paterno.
quis tamen adfirmat nil actum in montibus aut in
speluncis? adeo senuerunt Iuppiter et Mars?
  porticibusne tibi monstratur femina uoto
digna tuo? cuneis an habent spectacula totis
quod securus ames quodque inde excerpere possis?
chironomon Ledam molli saltante Bathyllo
Tuccia uesicae non imperat, Apula gannit,
[sicut in amplexu, subito et miserabile longum.]

46 nimiam *PRFHKTZ*: mediam *AGLOU* 52 tende *RAGLOU*: necte *FHKTZ et in ras. P*[2] 57 credo *Thierfelder* 58 nil *PFKOUZ*: nihil *RAGHLT* 65 *del. Guyet* subito *PRKOZ*: subitum *Φ* et *om. OU*, *del. Dobree*

attendit Thymele: Thymele tunc rustica discit.
ast aliae, quotiens aulaea recondita cessant,
et uacuo clusoque sonant fora sola theatro,
atque a plebeis longe Megalesia, tristes
personam thyrsumque tenent et subligar Acci.
Vrbicus exodio risum mouet Atellanae
gestibus Autonoes, hunc diligit Aelia pauper.
soluitur his magno comoedi fibula, sunt quae
Chrysogonum cantare uetent, Hispulla tragoedo
gaudet: an expectas ut Quintilianus ametur?
accipis uxorem de qua citharoedus Echion
aut Glaphyrus fiat pater Ambrosiusque choraules.
longa per angustos figamus pulpita uicos,
ornentur postes et grandi ianua lauro,
ut testudineo tibi, Lentule, conopeo
nobilis Euryalum murmillonem exprimat infans.
nupta senatori comitata est Eppia ludum
ad Pharon et Nilum famosaque moenia Lagi
prodigia et mores urbis damnante Canopo.
inmemor illa domus et coniugis atque sororis
nil patriae indulsit, plorantisque improba natos
utque magis stupeas ludos Paridemque reliquit.
sed quamquam in magnis opibus plumaque paterna
et segmentatis dormisset paruula cunis,
contempsit pelagus; famam contempserat olim,
cuius apud molles minima est iactura cathedras.
Tyrrhenos igitur fluctus lateque sonantem
pertulit Ionium constanti pectore, quamuis
mutandum totiens esset mare. iusta pericli
si ratio est et honesta, timent pauidoque gelantur

69 *del. Guyet* 77 que *PRΦ*: ue *U Vat.* 3287 *sicut coni. Hadr. Valesius* 81 euryalum *PRAU*: euryalum aut *Φ*: euryalum •*O*: euryalum et *Lond. mus. Brit. Add.* 30861. '*nomina lanistae et gladiatorum*' *Σ*

pectore nec tremulis possunt insistere plantis:
fortem animum praestant rebus quas turpiter audent.
si iubeat coniunx, durum est conscendere nauem,
tunc sentina grauis, tunc summus uertitur aer:
quae moechum sequitur, stomacho ualet. illa maritum
conuomit, haec inter nautas et prandet et errat
per puppem et duros gaudet tractare rudentis.
qua tamen exarsit forma, qua capta iuuenta
Eppia? quid uidit propter quod ludia dici
sustinuit? nam Sergiolus iam radere guttur
coeperat et secto requiem sperare lacerto;
praeterea multa in facie deformia, sicut
attritus galea mediisque in naribus ingens
gibbus et acre malum semper stillantis ocelli.
sed gladiator erat. facit hoc illos Hyacinthos;
hoc pueris patriaeque, hoc praetulit illa sorori
atque uiro. ferrum est quod amant. hic Sergius idem
accepta rude coepisset Veiiento uideri.
quid priuata domus, quid fecerit Eppia, curas?
respice riuales diuorum, Claudius audi
quae tulerit. dormire uirum cum senserat uxor,
sumere nocturnos meretrix Augusta cucullos
ausa Palatino et tegetem praeferre cubili
linquebat comite ancilla non amplius una.
sed nigrum flauo crinem abscondente galero
intrauit calidum ueteri centone lupanar
et cellam uacuam atque suam; tunc nuda papillis
prostitit auratis titulum mentita Lyciscae
ostenditque tuum, generose Britannice, uentrem.

103 iuuenta *PRAOU*: iuuenta est *Φ* 108 galeae *Hadr. Valesius* 109 semper *PRAT*: sed *S*: saepe *Φ* 117 *post* 118 *collocauit Hermann* et *Hermann*: *om. PRΦ* 120 sed *PRΦ Seru. in Aen.* iv. 698 *codd. Cassell. et Floriac.*: et *FKTZ Seru. ibid. codd. ceteri*: sic *Ribbeck* 123 prostitit *PSRO*: constitit *Φ*

excepit blanda intrantis atque aera poposcit.
[continueque iacens cunctorum absorbuit ictus.]
mox lenone suas iam dimittente puellas
tristis abit, et quod potuit tamen ultima cellam
clausit, adhuc ardens rigidae tentigine uoluae,
et lassata uiris necdum satiata recessit,
obscurisque genis turpis fumoque lucernae
foeda lupanaris tulit ad puluinar odorem.
hippomanes carmenque loquar coctumque uenenum
priuignoque datum? faciunt grauiora coactae
imperio sexus minimumque libidine peccant.
'optima sed quare Caesennia teste marito?'
bis quingena dedit. tanti uocat ille pudicam,
nec pharetris Veneris macer est aut lampade feruet:
inde faces ardent, ueniunt a dote sagittae.
libertas emitur. coram licet innuat atque
rescribat: uidua est, locuples quae nupsit auaro.
'cur desiderio Bibulae Sertorius ardet?'
si uerum excutias, facies non uxor amatur.
tres rugae subeant et se cutis arida laxet,
fiant obscuri dentes oculique minores,
'collige sarcinulas' dicet libertus 'et exi.
iam grauis es nobis et saepe emungeris. exi
ocius et propera. sicco uenit altera naso.'
interea calet et regnat poscitque maritum
pastores et ouem Canusinam ulmosque Falernas—

126 *post* 125 *habent Dresd.* 155, *Goth.* 2. 52, *Laur.* 34. 34, *Laur. Gadd.* 93. 31. 1, *Laur. Gadd.* 93. 31. 3, *Oenipont.* 992, *post* 128 *'in uetustis codicibus' inuenit Cuspinianus*, *post* 129 *'ex antiquo libro' reposuit Pulmannus*, *om.* *PRΦ* continueque iacens cunctorum *Dresd.* 155, *Goth.* 2. 52, *Laur.* 34. 34, *Laur. Gadd.* 93. 31. 1, *Laur. Gadd.* 93. 31. 3, *Oenipont.* 992: ac resupina iacens multorum *Cuspinianus et Pulmannus* 133–5 *del. Gruppe* 136–93 *exhibet Arou.* 136 caesennia *U Vat. Reg.* 2029: cessennia *GL*: censennia *PSRAFKTZ Arou.*: censenia *O*: censonia *H* 137 quingena *PSR Arou.*: quingenta *Φ* 146 dicet *PRAO Arou.*: dicit *Φ*

quantulum in hoc!—pueros omnes, ergastula tota,
quodque domi non est, sed habet uicinus, ematur.
mense quidem brumae, cum iam mercator Iason
clausus et armatis obstat casa candida nautis,
grandia tolluntur crystallina, maxima rursus
murrina, deinde adamas notissimus et Beronices
in digito factus pretiosior. hunc dedit olim
barbarus incestae, dedit hunc Agrippa sorori,
obseruant ubi festa mero pede sabbata reges
et uetus indulget senibus clementia porcis.
'nullane de tantis gregibus tibi digna uidetur?'
sit formonsa, decens, diues, fecunda, uetustos
porticibus disponat auos, intactior omni
crinibus effusis bellum dirimente Sabina,
rara auis in terris nigroque simillima cycno,
quis feret uxorem cui constant omnia? malo,
malo Venustinam quam te, Cornelia, mater
Gracchorum, si cum magnis uirtutibus adfers
grande supercilium et numeras in dote triumphos.
tolle tuum, precor, Hannibalem uictumque Syphacem
in castris et cum tota Carthagine migra.
'parce, precor, Paean, et tu, dea, pone sagittas;
nil pueri faciunt, ipsam configite matrem'
Amphion clamat, sed Paean contrahit arcum.
extulit ergo greges natorum ipsumque parentem,
dum sibi nobilior Latonae gente uidetur

152 sed *PRKOTU Arou.*: et *Φ* 153 cum *Φ*: quo *PRA Arou.*: quom *Lond. mus. Brit. Add.* 12002 *sicut coni. Hermann. cf.* iii. 37 156–215 *om. U, post saturam* XVI *add. manus saec.* XI 156 beronices *R Mico*: beronicis *Φ*: bernices *PA Arou. Sang.*: bernicis *F* 158 dedit hunc] gestare *Housman* 159 mero *Φ*: nudo *PRO Arou. cf. Corp. Gloss. Lat.* v. 652. 54 166 feret *PRΦ Arou.*: ferat *L Vat. Reg.* 2029 *Seru. in Aen.* iii. 518 167 uenustinam *Vat. Reg.* 2029, *Valent.* 410 *sicut coni. Buecheler*: uenusinam *PSRΦ Arou.* 172 dea pone *Graeuius*: depone *PRΦ Arou.*

atque eadem scrofa Niobe fecundior alba.
quae tanti grauitas, quae forma, ut se tibi semper
inputet? huius enim rari summique uoluptas
nulla boni, quotiens animo corrupta superbo
plus aloes quam mellis habet. quis deditus autem
usque adeo est, ut non illam quam laudibus effert
horreat inque diem septenis oderit horis?
  quaedam parua quidem, sed non toleranda maritis.
nam quid rancidius quam quod se non putat ulla
formosam nisi quae de Tusca Graecula facta est,
de Sulmonensi mera Cecropis? omnia Graece:
[cum sit turpe magis nostris nescire Latine.]
hoc sermone pauent, hoc iram, gaudia, curas,
hoc cuncta effundunt animi secreta. quid ultra?
concumbunt Graece. dones tamen ista puellis,
tune etiam, quam sextus et octogensimus annus
pulsat, adhuc Graece? non est hic sermo pudicus
in uetula. quotiens lasciuum interuenit illud
ζωὴ καὶ ψυχή, modo sub lodice relictis
uteris in turba. quod enim non excitet inguen
uox blanda et nequam? digitos habet. ut tamen omnes
subsidant pinnae, dicas haec mollius Haemo
quamquam et Carpophoro, facies tua conputat annos.
  si tibi legitimis pactam iunctamque tabellis
non es amaturus, ducendi nulla uidetur
causa, nec est quare cenam et mustacea perdas
labente officio crudis donanda, nec illud
quod prima pro nocte datur, cum lance beata
Dacicus et scripto radiat Germanicus auro.
si tibi simplicitas uxoria, deditus uni

183 diem *PRAO Arou.*: dies *Φ*   184 *om. Gaybac.* II, *Vlm.*, *del. Heinrich, qui uersu* 185 numquid *coniecit*   188 *om. Gaybac.* II, *Vlm.*, *del. Barth*   195 ferendis *Housman*

est animus, summitte caput ceruice parata
ferre iugum. nullam inuenies quae parcat amanti.
ardeat ipsa licet, tormentis gaudet amantis
et spoliis; igitur longe minus utilis illi
uxor, quisquis erit bonus optandusque maritus.
nil umquam inuita donabis coniuge, uendes
hac obstante nihil, nihil haec si nolet emetur.
haec dabit affectus: ille excludatur amicus
iam senior, cuius barbam tua ianua uidit.
testandi cum sit lenonibus atque lanistis
libertas et iuris idem contingat harenae,
non unus tibi riualis dictabitur heres.
'pone crucem seruo.' 'meruit quo crimine seruus
supplicium? quis testis adest? quis detulit? audi;
nulla umquam de morte hominis cunctatio longa est.'
'o demens, ita seruus homo est? nil fecerit, esto:
hoc uolo, sic iubeo, sit pro ratione uoluntas.'
imperat ergo uiro. sed mox haec regna relinquit
permutatque domos et flammea conterit; inde
auolat et spreti repetit uestigia lecti.
ornatas paulo ante fores, pendentia linquit
uela domus et adhuc uirides in limine ramos.
sic crescit numerus, sic fiunt octo mariti
quinque per autumnos, titulo res digna sepulcri.
   desperanda tibi salua concordia socru.
illa docet spoliis nudi gaudere mariti,
illa docet missis a corruptore tabellis
nil rude nec simplex rescribere, decipit illa
custodes aut aere domat. tum corpore sano
aduocat Archigenen onerosaque pallia iactat.

213 nolet *Laur. S. Marci* 234 R^2: nollet *PRF*: nolit *Φ*   222 fecerit *PRAFLUZ*: feceris GHKOT   235 tum *Vat.* 3286: tunc *PSRΦ*: aut *O*

abditus interea latet et secretus adulter
inpatiensque morae silet et praeputia ducit.
scilicet expectas ut tradat mater honestos
atque alios mores quam quos habet? utile porro
filiolam turpi uetulae producere turpem.
  nulla fere causa est in qua non femina litem
mouerit. accusat Manilia, si rea non est.
conponunt ipsae per se formantque libellos,
principium atque locos Celso dictare paratae.
  endromidas Tyrias et femineum ceroma
quis nescit, uel quis non uidit uulnera pali,
quem cauat adsiduis rudibus scutoque lacessit
atque omnis implet numeros dignissima prorsus
Florali matrona tuba, nisi si quid in illo
pectore plus agitat ueraeque paratur harenae?
quem praestare potest mulier galeata pudorem,
quae fugit a sexu? uires amat. haec tamen ipsa
uir nollet fieri; nam quantula nostra uoluptas!
quale decus, rerum si coniugis auctio fiat,
balteus et manicae et cristae crurisque sinistri
dimidium tegimen! uel si diuersa mouebit
proelia, tu felix ocreas uendente puella.
hae sunt quae tenui sudant in cyclade, quarum
delicias et panniculus bombycinus urit.
aspice quo fremitu monstratos perferat ictus
et quanto galeae curuetur pondere, quanta
poplitibus sedeat quam denso fascia libro,
et ride positis scaphium cum sumitur armis.
dicite uos, neptes Lepidi caeciue Metelli

238 *'hic uersiculus in quibusdam codicibus non est, inquit Probus' Valla* silet *PRO*: pauet *ΦΣ* ducit *PRAHLOU*: discit *GKTZ*: *om. F* 247 uel *PRALU*: aut *Φ* 248 rudibus *PRFΣ sicut coni. Lipsius*: sudibus *Φ* 250 in imo *Scholte* 252–310 *exhibet Arou.* 259 hae *PRΦ*: haec *FK Arou. Sang. cf.* 592, *Heraeus ad Mart.* vii. 26. 4

Gurgitis aut Fabii, quae ludia sumpserit umquam
hos habitus? quando ad palum gemat uxor Asyli?
  semper habet lites alternaque iurgia lectus
in quo nupta iacet; minimum dormitur in illo.
tum grauis illa uiro, tunc orba tigride peior,
cum simulat gemitus occulti conscia facti,
aut odit pueros aut ficta paelice plorat
uberibus semper lacrimis semperque paratis
in statione sua atque expectantibus illam,
quo iubeat manare modo. tu credis amorem,
tu tibi tunc, uruca, places fletumque labellis
exorbes, quae scripta et quot lecture tabellas
si tibi zelotypae retegantur scrinia moechae!
sed iacet in serui complexibus aut equitis. dic,
dic aliquem sodes hic, Quintiliane, colorem.
haeremus. dic ipsa. 'olim conuenerat' inquit
'ut faceres tu quod uelles, nec non ego possem
indulgere mihi. clames licet et mare caelo
confundas, homo sum.' nihil est audacius illis
deprensis: iram atque animos a crimine sumunt.
  unde haec monstra tamen uel quo de fonte requiris?
praestabat castas humilis fortuna Latinas
quondam, nec uitiis contingi parua sinebant
tecta labor somnique breues et uellere Tusco
uexatae duraeque manus ac proximus urbi
Hannibal et stantes Collina turre mariti.
nunc patimur longae pacis mala, saeuior armis

270 tum *U*: cum *PRA Arou.*: tunc *Φ*. *cf.* iii. 214   274 expectantibus *PRAUZ Arou.*: spectantibus *Φ*. *cf.* 371, vii. 22   276 tunc *SRGU Arou. et in ras. P*: tum *FK*: tu *OZ*: cum *AHT*: nunc *L*   uruca *PSR Arou. Σ*: curuca *Φ*   280 hic *PRKZ Arou.*: dic *Φ*   282 nec *PRFHT Arou.*: ne *Φ*   285 a *Φ Gelasius Adu. Androm. Patrol. Lat.* lix. 114 c: de *R*: *om. PF Arou. cf. Cypr. Hept. Gen.* 1200, *Dracont. De laud. dei* iii. 474, *Orest. trag.* 234   288 sinebant *PR Arou.*: sinebat *Φ*

luxuria incubuit uictumque ulciscitur orbem.
nullum crimen abest facinusque libidinis ex quo
paupertas Romana perit. hinc fluxit ad istos
et Sybaris colles, hinc et Rhodos et Miletos
atque coronatum et petulans madidumque Tarentum.
prima peregrinos obscena pecunia mores
intulit, et turpi fregerunt saecula luxu
diuitiae molles. quid enim uenus ebria curat?
inguinis et capitis quae sint discrimina nescit
grandia quae mediis iam noctibus ostrea mordet,
cum perfusa mero spumant unguenta Falerno,
cum bibitur concha, cum iam uertigine tectum
ambulat et geminis exsurgit mensa lucernis.
i nunc et dubita qua sorbeat aera sanna
Maura, Pudicitiae ueterem cum praeterit aram, 308
Tullia quid dicat, notae collactea Maurae. 307
noctibus hic ponunt lecticas, micturiunt hic
effigiemque deae longis siphonibus implent
inque uices equitant ac Luna teste mouentur,
inde domos abeunt: tu calcas luce reuersa
coniugis urinam magnos uisurus amicos.
nota bonae secreta deae, cum tibia lumbos
incitat et cornu pariter uinoque feruntur
attonitae crinemque rotant ululantque Priapi
maenades. o quantus tunc illis mentibus ardor
concubitus, quae uox saltante libidine, quantus
ille meri ueteris per crura madentia torrens!
lenonum ancillas posita Saufeia corona

295 istos *KU sicut coni. Nogarola*: istros *Φ*: ismos *Z*: indos *PR Arou.* 307 *post* 308 *ponunt K Vat. Reg.* 2029, *om. PR Arou. cf. Madvig, Opusc. acad. pp.* 557–8 311–39 *initia*, 340–68 *exitus praebet Arou.* 316 ululantque priapi *PSR*: ululante priapo *Φ* 320 saufeia *FΣ*: (posita)s aut feta *PSR*: laufela *peiorave Φ. cf.* ix. 117

prouocat et tollit pendentis praemia coxae,
ipsa Medullinae fluctum crisantis adorat:
palma inter dominas, uirtus natalibus aequa.
nil ibi per ludum simulabitur, omnia fient
ad uerum, quibus incendi iam frigidus aeuo
Laomedontiades et Nestoris hirnea possit.
tunc prurigo morae inpatiens, tum femina simplex,
ac pariter toto repetitus clamor ab antro
'iam fas est, admitte uiros.' dormitat adulter,
illa iubet sumpto iuuenem properare cucullo;
si nihil est, seruis incurritur; abstuleris spem
seruorum, uenit et conductus aquarius; hic si
quaeritur et desunt homines, mora nulla per ipsam
quo minus inposito clunem summittat asello.
atque utinam ritus ueteres et publica saltem
his intacta malis agerentur sacra; sed omnes
nouerunt Mauri atque Indi quae psaltria penem
maiorem quam sunt duo Caesaris Anticatones
illuc, testiculi sibi conscius unde fugit mus,
intulerit, ubi uelari pictura iubetur
quaecumque alterius sexus imitata figuras.
et quis tunc hominum contemptor numinis, aut quis
simpuuium ridere Numae nigrumque catinum
et Vaticano fragiles de monte patellas
ausus erat? sed nunc ad quas non Clodius aras?

321 et tollit Φ: attollit *PR Arou.*: ac tollit *Hadr. Valesius* 322 fluctum *PSRAFΣ*: fructum Φ: frictum *LO* 323 palma *PSR Arou.*: palmam Φ aequa *PR*: aequat Φ 327 tum *PR*: tunc Φ *Arou. cf.* iii. 214 328 ac *PR Arou.*: et Φ pariter toto *PRALU Arou.*: toto pariter Φ. *legi non potest G* 329 dormitat Φ *Prisc. G.L.K.* ii. 404: si iam dormit *PS*: si dormit *R*: iam dormit *Pithoeus*. '*si adulter dormitat*' *Σ*. *legi non potest G* 332 uenit et *PR et ut uid. S*: ueniet Φ. *legi non potest G* 341 figuras *PR Arou.*: figura est *FGO*: figuram est Φ 343 que *PRU Arou. Sang.*: ue Φ

[audio quid ueteres olim moneatis amici,
'pone seram, cohibe.' sed quis custodiet ipsos
custodes? cauta est et ab illis incipit uxor.]
iamque eadem summis pariter minimisque libido,
nec melior silicem pedibus quae conterit atrum
quam quae longorum uehitur ceruice Syrorum.
   ut spectet ludos, conducit Ogulnia uestem,
conducit comites, sellam, ceruical, amicas,
nutricem et flauam cui det mandata puellam.
haec tamen argenti superest quodcumque paterni
leuibus athletis et uasa nouissima donat.
multis res angusta domi, sed nulla pudorem
paupertatis habet nec se metitur ad illum
quem dedit haec posuitque modum. tamen utile quid sit
prospiciunt aliquando uiri, frigusque famemque
formica tandem quidam expauere magistra:
prodiga non sentit pereuntem femina censum.
ac uelut exhausta recidiuus pullulet arca
nummus et e pleno tollatur semper aceruo,
non umquam reputant quanti sibi gaudia constent.
   in quacumque domo uiuit luditque professus
obscenum, tremula promittit et omnia dextra,
inuenies omnis turpes similesque cinaedis.
his uiolare cibos sacraeque adsistere mensae
permittunt, et uasa iubent frangenda lauari
cum colocyntha bibit uel cum barbata chelidon.

346–8 *del. M. Maas. cf. infra O* 30–34   347 cohibe *Φ*: prohibe *PR*   349 *om. Flor. Ricc.* 612, *del. Ribbeck*   363 recidiuus *Norimberg.* 6. 19 *sicut coni. Scioppius*: rediciuus *Laur.* 34. 34: rediuiuus *PRΦ*   364 tollatur semper *PRA Arou.*: semper tollatur *Φ*   365 *'hic uersus in quibusdam non est, ut inquit Probus' Valla*   umquam *Φ*: nunquam *RFZ*: nusquam *P*: usquam *Buecheler*   reputant *PRU*: repetunt *Φ*   sibi *PRHKU Arou.*: sua *Φ*   *post* 365 *uersus triginta quattuor, qui ceteris omnibus codicibus desunt, seruauit O. cf. praef. pp.* x, xiii   2 tremula promittit et *Housman*: et tremula promittit *O*

purior ergo tuis laribus meliorque lanista,
in cuius numero longe migrare iubetur
psyllus ab †eupholio.† quid quod nec retia turpi
iunguntur tunicae, nec cella ponit eadem
munimenta umeri †pulsatamque arma† tridentem
qui nudus pugnare solet? pars ultima ludi
accipit has animas aliusque in carcere neruos.
sed tibi communem calicem facit uxor et illis
cum quibus Albanum Surrentinumque recuset
flaua ruinosi lupa degustare sepulchri.
horum consiliis nubunt subitaeque recedunt,
his languentem animum †seruant† et seria uitae,
his clunem atque latus discunt uibrare magistris,
quicquid praeterea scit qui docet. haud tamen illi
semper habenda fides: oculos fuligine pascit
distinctus croceis et reticulatus adulter.
suspectus tibi sit, quanto uox mollior et quo
saepius in teneris haerebit dextera lumbis.
hic erit in lecto fortissimus; exuit illic
personam docili Thais saltata Triphallo.
quem rides? aliis hunc mimum! sponsio fiat:
purum te contendo uirum. contendo: fateris?
an uocat ancillas tortoris pergula? noui
consilia et ueteres quaecumque monetis amici,
'pone seram, cohibe'. sed quis custodiet ipsos

9 psyllus *Postgate*: psillus *O*: psellus *Housman. cf. Charis.* (*Barwick p.* 141, *G.L.K.* i. 110) '*inde effeminati hodieque in ludo syllae dicuntur, quos uulgo inprudenter psyllos appellant*' euphono *Housman et Platt* 11 pulsata hastamque tridentem *Housman* 13 has *Housman*: as *O* aliusque *Housman*: aliosque *O* 15 recuset *Platt*: recusat *O* 18 soluunt *Housman et Postgate*: releuant *Housman*: reserant *Axelson* 25 lecto *Postgate*: tecto *O* 27 *dist. Housman* 29–34 *cf.* 346–8 31 cohibe *Φ uersu* 347: cohibes *O* custodiet *Φ uersu* 347: custodiat *O*

custodes, qui nunc lasciuae furta puellae
hac mercede silent? crimen commune tacetur.
prospicit hoc prudens et ab illis incipit uxor.
  sunt quas eunuchi inbelles ac mollia semper
oscula delectent et desperatio barbae
et quod abortiuo non est opus. illa uoluptas
summa tamen, quom iam calida matura iuuenta
inguina traduntur medicis, iam pectine nigro.
ergo expectatos ac iussos crescere primum
testiculos, postquam coeperunt esse bilibres,
tonsoris tantum damno rapit Heliodorus.
mangonum pueros uera ac miserabilis urit
debilitas, follisque pudet cicerisque relicti.
conspicuus longe cunctisque notabilis intrat
balnea nec dubie custodem uitis et horti
prouocat a domina factus spado. dormiat ille
cum domina, sed tu iam durum, Postume, iamque
tondendum eunucho Bromium committere noli.
  si gaudet cantu, nullius fibula durat
uocem uendentis praetoribus. organa semper
in manibus, densi radiant testudine tota
sardonyches, crispo numerantur pectine chordae
quo tener Hedymeles operas dedit: hunc tenet, hoc se
solatur gratoque indulget basia plectro.
quaedam de numero Lamiarum ac nominis Appi
et farre et uino Ianum Vestamque rogabat,
an Capitolinam deberet Pollio quercum

32–33 qui—tacetur *adfert Σ ad* 348   369 quom *Ribbeck*: quod *PRΦ*. '*quando iam pubuerint*' *Σ*. *cf.* iii. 37   371 expectatos *Φ*: spectatos *PR*. *cf.* 274   373 tantum damno *Φ*: damno tantum *PSRA Mico Sang*.   373 AB *solus seruauit O*   373 A mangonum *Postgate*: magonum *O*   385 appi *FΣ*: ap *S*: a* *P*: appae *R*: alti *Φ*: Aeli *N. Heinsius*. *cf. Corp. Gloss. Lat.* v. 652. 21   386 et farre *PRA*: cum farre *Φ*. *legi non potest G*

sperare et fidibus promittere. quid faceret plus
aegrotante uiro, medicis quid tristibus erga
filiolum? stetit ante aram nec turpe putauit
pro cithara uelare caput dictataque uerba
pertulit, ut mos est, et aperta palluit agna.
dic mihi nunc, quaeso, dic, antiquissime diuom,
respondes his, Iane pater? magna otia caeli;
non est, quod uideo, non est quod agatur apud uos.
haec de comoedis te consulit, illa tragoedum
commendare uolet: uaricosus fiet haruspex.

sed cantet potius quam totam peruolet urbem
audax et coetus possit quae ferre uirorum
cumque paludatis ducibus praesente marito
ipsa loqui recta facie siccisque mamillis.
haec eadem nouit quid toto fiat in orbe,
quid Seres, quid Thraces agant, secreta nouercae
et pueri, quis amet, quis diripiatur adulter;
dicet quis uiduam praegnatem fecerit et quo
mense, quibus uerbis concumbat quaeque, modis quot.
instantem regi Armenio Parthoque cometen
prima uidet, famam rumoresque illa recentis
excipit ad portas, quosdam facit; isse Niphaten
in populos magnoque illic cuncta arua teneri
diluuio, nutare urbes, subsidere terras,
quocumque in triuio, cuicumque est obuia, narrat.
nec tamen id uitium magis intolerabile quam quod
uicinos humiles rapere et concidere loris
†exortata† solet. nam si latratibus alti
rumpuntur somni, 'fustes huc ocius' inquit

395 quod uideo *PRT*: ut uideo *Φ*   396–438 *legi non potest G*   399 possit *PSRKO*: posset *Φ*   404 diripiatur *PSRΣ*: dicipiatur *U*: decipiatur *Φ*   413 quod *Φ*: quae *PR*: quo *Schrader*   415 exortata *PH*: exorata *RΦΣ*

'adferte' atque illis dominum iubet ante feriri,
deinde canem. grauis occursu, taeterrima uultu
balnea nocte subit, conchas et castra moueri
nocte iubet, magno gaudet sudare tumultu,
cum lassata graui ceciderunt bracchia massa,
callidus et cristae digitos inpressit aliptes
ac summum dominae femur exclamare coegit.
conuiuae miseri interea somnoque fameque
urguentur. tandem illa uenit rubicundula, totum
oenophorum sitiens, plena quod tenditur urna
admotum pedibus, de quo sextarius alter
ducitur ante cibum rabidam facturus orexim,
dum redit et loto terram ferit intestino.
marmoribus riui properant, aurata Falernum
peluis olet; nam sic, tamquam alta in dolia longus
deciderit serpens, bibit et uomit. ergo maritus
nauseat atque oculis bilem substringit opertis.
  illa tamen grauior, quae cum discumbere coepit
laudat Vergilium, periturae ignoscit Elissae,
committit uates et comparat, inde Maronem
atque alia parte in trutina suspendit Homerum.
cedunt grammatici, uincuntur rhetores, omnis
turba tacet, nec causidicus nec praeco loquetur,
altera nec mulier. uerborum tanta cadit uis,
tot pariter pelues ac tintinnabula dicas
pulsari. iam nemo tubas, nemo aera fatiget:
una laboranti poterit succurrere Lunae.
inponit finem sapiens et rebus honestis;
nam quae docta nimis cupit et facunda uideri

427–55 *initia*, 456–84 *exitus praebet Arou.* 429 et loto terram *PR Arou.*: et luto terram *A*: et terram lotio *O*: et terram luto *KLTU*: et terramque luto *FZ*: terramque luto *H Lond. mus. Brit. Add.* 30861 430 aurata *PSR*: aut lata *Φ* 437 *in hoc uersu desinit R* 442 nemo aera *P Norimberg.* 6. 19: atque aera *Φ*

crure tenus medio tunicas succingere debet,
caedere Siluano porcum, quadrante lauari.
non habeat matrona, tibi quae iuncta recumbit,
dicendi genus, aut curuum sermone rotato
torqueat enthymema, nec historias sciat omnes,
sed quaedam ex libris et non intellegat. odi
hanc ego quae repetit uoluitque Palaemonis artem
seruata semper lege et ratione loquendi
ignotosque mihi tenet antiquaria uersus
nec curanda uiris. opicae castiget amicae
uerba: soloecismum liceat fecisse marito.
  nil non permittit mulier sibi, turpe putat nil,
cum uiridis gemmas collo circumdedit et cum
auribus extentis magnos commisit elenchos.
[intolerabilius nihil est quam femina diues.]
interea foeda aspectu ridendaque multo
pane tumet facies aut pinguia Poppaeana
spirat et hinc miseri uiscantur labra mariti.
ad moechum lota ueniunt cute. quando uideri
uult formonsa domi? moechis foliata parantur,
his emitur quidquid graciles huc mittitis Indi.
tandem aperit uultum et tectoria prima reponit,
incipit agnosci, atque illo lacte fouetur
propter quod secum comites educit asellas
exul Hyperboreum si dimittatur ad axem.
sed quae mutatis inducitur atque fouetur
tot medicaminibus coctaeque siliginis offas
accipit et madidae, facies dicetur an ulcus?
  est pretium curae penitus cognoscere toto

455 *dist. Housman* castiget *Vat. Ottob.* 1471 *sicut coni. Ribbeck*: castigat *PSΦ* 459 extentis *PA*: extensis *Φ*. *cf.* xii. 5, 68 460 *del. Paldamus* 461–3 *post* 466 *collocauit Madvig, Opusc. acad. pp.* 556–7 469 educet *Jahn*: educat *Housman* 474 pretium curae *PFOUZ*: operae pretium *AGHKLΣ*: pretium *T*

quid faciant agitentque die. si nocte maritus
auersus iacuit, periit libraria, ponunt
cosmetae tunicas, tarde uenisse Liburnus
dicitur et poenas alieni pendere somni
cogitur, hic frangit ferulas, rubet ille flagello,
hic scutica; sunt quae tortoribus annua praestent.
uerberat atque obiter faciem linit, audit amicas
aut latum pictae uestis considerat aurum
et caedit, longi relegit transuersa diurni
et caedit, donec lassis caedentibus 'exi'
intonet horrendum iam cognitione peracta.
praefectura domus Sicula non mitior aula.
nam si constituit solitoque decentius optat
ornari et properat iamque expectatur in hortis
aut apud Isiacae potius sacraria lenae,
disponit crinem laceratis ipsa capillis
nuda umeros Psecas infelix nudisque mamillis.
'altior hic quare cincinnus?' taurea punit
continuo flexi crimen facinusque capilli.
quid Psecas admisit? quaenam est hic culpa puellae,
si tibi displicuit nasus tuus? altera laeuum
extendit pectitque comas et uoluit in orbem.
est in consilio materna admotaque lanis
emerita quae cessat acu; sententia prima
huius erit, post hanc aetate atque arte minores
censebunt, tamquam famae discrimen agatur
aut animae: tanta est quaerendi cura decoris.
tot premit ordinibus, tot adhuc conpagibus altum
aedificat caput: Andromachen a fronte uidebis,

479 flagello *PG Arou.*: flagellis *Φ* 486 praefectura *PSG*: perfectura *A*: profectura *Φ* domus *PG*: domos *U*: domo *Φ* 490 disponit *PSAGU*: componit *Φ*. 'disponit *pro componit*' *Σ* 491 umeros *A Guelf. Gud.* 156: umero *PSΦ*: hume *G* 501 tanta *PFGKΣ*: tanti *Φ*

post minor est, credas aliam. cedo si breue parui
sortita est lateris spatium breuiorque uidetur
uirgine Pygmaea nullis adiuta coturnis
et leuis erecta consurgit ad oscula planta.
  nulla uiri cura interea nec mentio fiet
damnorum. uiuit tamquam uicina mariti,
hoc solo propior, quod amicos coniugis odit
et seruos, grauis est rationibus. ecce furentis
Bellonae matrisque deum chorus intrat et ingens
semiuir, obsceno facies reuerenda minori,
mollia qui rapta secuit genitalia testa
iam pridem, cui rauca cohors, cui tympana cedunt
plebeia et Phrygia uestitur bucca tiara.
grande sonat metuique iubet Septembris et austri
aduentum, nisi se centum lustrauerit ouis
et xerampelinas ueteres donauerit ipsi,
ut quidquid subiti et magni discriminis instat
in tunicas eat et totum semel expiet annum.
hibernum fracta glacie descendet in amnem,
ter matutino Tiberi mergetur et ipsis
uerticibus timidum caput abluet, inde superbi
totum regis agrum nuda ac tremibunda cruentis
erepet genibus; si candida iusserit Io,
ibit ad Aegypti finem calidaque petitas
a Meroe portabit aquas, ut spargat in aede
Isidis, antiquo quae proxima surgit ouili.
credit enim ipsius dominae se uoce moneri.
en animam et mentem cum qua di nocte loquantur!
ergo hic praecipuum summumque meretur honorem
qui grege linigero circumdatus et grege caluo
plangentis populi currit derisor Anubis.

527 calidaque *GK et ut uid. P*: calidasque *Φ. uersum om. T*   528 aede *PAUΣ*: aedem *Φ*   530 *del. Paldamus*   533 linigero *KP²*: lanigero *PΦ*

ille petit ueniam, quotiens non abstinet uxor
concubitu sacris obseruandisque diebus
magnaque debetur uiolato poena cadurco
et mouisse caput uisa est argentea serpens;
illius lacrimae meditataque murmura praestant
ut ueniam culpae non abnuat ansere magno
scilicet et tenui popano corruptus Osiris.
cum dedit ille locum, cophino fenoque relicto
arcanam Iudaea tremens mendicat in aurem,
interpres legum Solymarum et magna sacerdos
arboris ac summi fida internuntia caeli.
implet et illa manum, sed parcius; aere minuto
qualiacumque uoles Iudaei somnia uendunt.
spondet amatorem tenerum uel diuitis orbi
testamentum ingens calidae pulmone columbae
tractato Armenius uel Commagenus haruspex;
pectora pullorum rimabitur, exta catelli
interdum et pueri; faciet quod deferat ipse.
Chaldaeis sed maior erit fiducia: quidquid
dixerit astrologus, credent a fonte relatum
Hammonis, quoniam Delphis oracula cessant
et genus humanum damnat caligo futuri.
praecipuus tamen est horum, qui saepius exul,
cuius amicitia conducendaque tabella
magnus ciuis obit et formidatus Othoni.
inde fides artis, sonuit si dextera ferro
laeuaque, si longe castrorum in carcere mansit.

537 cadurco *PFG Probus Vallae*: caduco *KT*: caduceo *Φ* 539 lacrimae *PGO et ut uid. Z*: lacrimas *U*: lacrimis *Φ* 541 popano *PFG Mico*: pepano *U Vat. Pal.* 1701: pepono *Φ* 551 rimabitur *PGK*: rima••tur (bi *eras.*) et *T*: rimatur et *Φ* 554 fonte *F Vat.* 2810, *schol. Stat. Theb.* iii. 476: fronte *PΦ* 558–9 *om. PFG, non interpretatur Σ, del. Hermann. cf. G.L.K.* vii. 544 *'formidatam tabellam, pinacem'* 560 artis *PAGO*: arti *Φ* 561 longe *O sicut coni. Buecheler*: longo *Φ*: longa *P. sed cf. Ouid. Am.* i. 6. 25.

nemo mathematicus genium indemnatus habebit,
sed qui paene perit, cui uix in Cyclada mitti
contigit et parua tandem caruisse Seripho.
consulit ictericae lento de funere matris,
ante tamen de te Tanaquil tua, quando sororem
efferat et patruos, an sit uicturus adulter
post ipsam; quid enim maius dare numina possunt?
haec tamen ignorat quid sidus triste minetur
Saturni, quo laeta Venus se proferat astro,
quis mensis damnis, quae dentur tempora lucro:
illius occursus etiam uitare memento,
in cuius manibus ceu pinguia sucina tritas
cernis ephemeridas, quae nullum consulit et iam
consulitur, quae castra uiro patriamque petente
non ibit pariter numeris reuocata Thrasylli.
ad primum lapidem uectari cum placet, hora
sumitur ex libro; si prurit frictus ocelli
angulus, inspecta genesi collyria poscit;
aegra licet iaceat, capiendo nulla uidetur
aptior hora cibo nisi quam dederit Petosiris.
si mediocris erit, spatium lustrabit utrimque
metarum et sortes ducet frontemque manumque
praebebit uati crebrum poppysma roganti.
diuitibus responsa dabit Phryx augur et inde
conductus, dabit astrorum mundique peritus
atque aliquis senior qui publica fulgura condit.
plebeium in circo positum est et in aggere fatum.
quae nudis longum ostendit ceruicibus aurum

563 cyclada *PSG*: cyclade *Φ* 569 haec *Φ*: hic *FZ*: nec *PSA* ignorat *Φ*: ignorant *PFGTΣ* 571 quis *PU*: qui *Φ*: quid *G* 575 patriamue *Hadr. Valesius*. '*peregrinamue patriam*' *Σ* petente *PAGHKT*: petenti *FLOUZ* 582 utrimque *PG*: utrumque *Φ* 585 dabit *Φ*: dabunt *PG*: feret *HLO* inde *PΦΣ*: indus *Vat.* 3192, *Vat.* 3286 *post* 585 *unum uersum excidisse censuit Housman*

consulit ante falas delphinorumque columnas
an saga uendenti nubat caupone relicto.
  hae tamen et partus subeunt discrimen et omnis
nutricis tolerant fortuna urguente labores,
sed iacet aurato uix ulla puerpera lecto.
tantum artes huius, tantum medicamina possunt,
quae steriles facit atque homines in uentre necandos
conducit. gaude, infelix, atque ipse bibendum
porrige quidquid erit; nam si distendere uellet
et uexare uterum pueris salientibus, esses
Aethiopis fortasse pater, mox decolor heres
impleret tabulas numquam tibi mane uidendus.
transeo suppositos et gaudia uotaque saepe
ad spurcos decepta lacus, saepe inde petitos
pontifices, salios Scaurorum nomina falso
corpore laturos. stat Fortuna inproba noctu
adridens nudis infantibus: hos fouet omni
inuoluitque sinu, domibus tunc porrigit altis
secretumque sibi mimum parat; hos amat, his se
ingerit utque suos semper producit alumnos.
  hic magicos adfert cantus, hic Thessala uendit
philtra, quibus ualeat mentem uexare mariti
et solea pulsare natis. quod desipis, inde est,
inde animi caligo et magna obliuio rerum
quas modo gessisti. tamen hoc tolerabile, si non
[semper aquam portes rimosa ad dolia, semper
istud onus subeas ipsis manantibus urnis,
quo rabidus nostro Phalarim de rege dedisti.]

592 hae *Φ*: haec *PSGKOU*. *cf.* 259 603 saepe *GK*: sepeque *U*: atque *Φ et* (tque *in ras.* P^{2}) *P* 606 omni *PFG*: omnes *Φ*: ulnis *Markland* 614 ABC *post* 614 *ponunt U Valla et in marg. Lond. mus. Brit. Add.* 12002, *post* 601 *K et in marg. Vat. Reg.* 2029 *man.* 2, *om. PΦ.* '*sed hi tres uersiculi in multis non sunt codicibus, quos in antiquissimo legimus codice et Probus etiam refert*' *Valla* 614 c quo *editores*: quod *KU*

et furere incipias ut auunculus ille Neronis,
cui totam tremuli frontem Caesonia pulli
infudit. quae non faciet quod principis uxor?
ardebant cuncta et fracta conpage ruebant
non aliter quam si fecisset Iuno maritum
insanum. minus ergo nocens erit Agrippinae
boletus, siquidem unius praecordia pressit
ille senis tremulumque caput descendere iussit
in caelum et longa manantia labra saliua:
haec poscit ferrum atque ignes, haec potio torquet,
haec lacerat mixtos equitum cum sanguine patres.
tanti partus equae, tanti una uenefica constat.

oderunt natos de paelice; nemo repugnet,
nemo uetet, iam iam priuignum occidere fas est.
uos ego, pupilli, moneo, quibus amplior est res,
custodite animas et nulli credite mensae:
liuida materno feruent adipata ueneno.
mordeat ante aliquis quidquid porrexerit illa
quae peperit, timidus praegustet pocula papas.
fingimus haec altum satura sumente coturnum
scilicet, et finem egressi legemque priorum
grande Sophocleo carmen bacchamur hiatu,
montibus ignotum Rutulis caeloque Latino?
nos utinam uani. sed clamat Pontia 'feci,
confiteor, puerisque meis aconita paraui,
quae deprensa patent; facinus tamen ipsa peregi.'
tune duos una, saeuissima uipera, cena?

Vat. Reg. 2029, *Lond. mus. Brit. Add.* 12002, *Valla* rabidus *U Lond. mus. Brit. Add.* 12002, *Valla*: rabidum *K Vat. Reg.* 2029 623 longa . . . saliua *PSAFGK*: longam . . . saliuam *Φ* 624–6 *del. Jachmann* 626 tanti una *PGΣ*: quantum una *Φ* 632–3 *om. PG, non interpretatur Σ, del. Guyet. 'hi duo, inquit Probus, uersiculi in aliis non sunt' Valla* 635 et finem egressi *PAFGU*: et finem egressi et finem *H*: egressi et finem *KLOTZ*

tune duos? 'septem, si septem forte fuissent.'
credamus tragicis quidquid de Colchide torua
dicitur et Procne; nil contra conor. et illae
grandia monstra suis audebant temporibus, sed
non propter nummos. minor admiratio summis
debetur monstris, quotiens facit ira nocentes
hunc sexum et rabie iecur incendente feruntur
praecipites, ut saxa iugis abrupta, quibus mons
subtrahitur cliuoque latus pendente recedit.
illam ego non tulerim quae conputat et scelus ingens
sana facit. spectant subeuntem fata mariti
Alcestim et, similis si permutatio detur,
morte uiri cupiant animam seruare catellae.
occurrent multae tibi Belides atque Eriphylae
mane, Clytemestram nullus non uicus habebit.
hoc tantum refert, quod Tyndaris illa bipennem
insulsam et fatuam dextra laeuaque tenebat;
at nunc res agitur tenui pulmone rubetae,
sed tamen et ferro, si praegustarit Atrides
Pontica ter uicti cautus medicamina regis.

COMMENTARY

1-37 Introduction. Chastity is long dead, but Postumus still wants to marry.

1 **Saturno rege:** ablative absolute. Saturn was king of the gods during the Golden Age.

1f **moratam ... uisamque:** Understand *esse*; with *Pudicitiam*, indirect statement after *credo*.

4 **clauderet:** i.e., "included"; all the objects of the verb (*ignem, larem, pecus, dominos*) are jammed together.

6 **culmo** < *culmus*, "straw."

7 **haut** = *haud*, "hardly."

Cynthia: name given by the elegist Propertius to his mistress.

7f **tibi ... ocellos:** Juvenal alludes to Lesbia, Catullus' mistress, described by him in his poem 3 as weeping over the death of her pet sparrow.

passer: "sparrow."

ocellos < *ocellus* (diminutive of *oculus*).

9 **potanda:** gerundive < *poto*, "drink, drain"; modifies *ubera*, "breasts, teats."

ferens: modifies *uxor* (5).

magnis: i.e., strapping, healthy. Roman *matronae* has largely given up breast-feeding; wealthy women hired wet nurses.

10 **horridior:** "shaggier, hairier"; still modifying *uxor*. Romans of both sexes practiced depilation, hence body hair was a mark of barbarity.

glandem < *glans*, "acorn"; object of *ructante*. Eating acorns was a stock characteristic of life in the Golden Age or primitive past.

ructante marito: present active participle, < *ructo*, "belch"; ablative of comparison with *horridior*.

11 **quippe:** "to be sure."

orbe nouo caeloque recenti: ablative absolute.

12f Birth from oak trees or from earth was another stock characteristic of primitive people.

13 **compositiue** = *compositi* + *ue*, "or fashioned."

luto: "from mud."

habuere = *habuerunt*.

15 **aut aliqua:** Understand *uestigia*; qualifies *multa:* "many ... or (at least) some ..."—a typical Juvenalian ironic hedge.

exstiterint < *exsisto*, subjunctive after *forsan*, "perhaps."

et: "even."

Ioue < *Iuppiter*, Jupiter supplanted his father Saturn, and inaugurated a new (and worse) era, though Juvenal is still talking about the remote past.

15f **Ioue nondum barbato:** i.e., after Jupiter became king but before he reached physical maturity.

16f Romans customarily swore by the head (as we would by the life) of one dear to them; here the untrustworthy Greeks swear by the head of another in order to avoid calling down the punishment of the gods upon their own (so Friedländer, Duff, Courtney ad loc.).

16 **Graecis ... paratis:** ablative absolute.

18 **caulibus** < *caulis*, "cabbage"; indirect object of *timeret*. People here are still living off modest vegetable gardens, the mark of simplicity both in Juvenal (cf. 3.226-31) and Horace.
uiueret: Understand *quisque*.

19 **superos** < *superi*, "those above," i.e., the gods.
Astraea: goddess of Justice, who stayed on earth during the Golden Age but finally returned to heaven (Ovid *Metamorphoses* 1.150).

20 **hac comite:** i.e., Pudicitia; ablative absolute.

21 **anticum** [= antiquum] **et uetus:** substantives, "an ancient and traditional thing ..."
alienum: "belonging to another."
Postume: vocative. First appearance of the poem's addressee.

21f **alienum ... concutere, sacri ... contemnere fulcri:** periphrases for "to commit adultery." *concutere:* "to rattle." *fulcri:* "bedpost" (by synecdoche, = "bed" = "marriage").

23f **ferrea** ["iron"] **... argentea** ["silver"]**:** The early ages were traditionally associated with progressively baser metals. As the golden age of Saturn saw Pudicitia on earth, so the silver age saw the beginning of adultery and the flight of Pudicitia and Astraea, and the iron (present) age saw all crimes flourishing.
moechos < *moechus*, "adulterer."

25 **conuentum:** "covenant, settlement papers"; frequent as a legal expression with *pactum*.
sponsalia (n.pl.)**:** "betrothal."
nostra: modifies *tempestate* (26).

26 **paras:** the main verb; the understood subject is Postumus.
tonsore magistro: "master barber."

27 **digito pignus:** "a pledge for her finger," i.e., an engagement ring.

28 **certe ... eras:** The irony comes from the tense of *eras* ("you used to be ...").
uxorem ... ducis < *uxorem ducere*, "take a wife."

29 **Tisiphone:** ablative. Tisiphone was a fury; like the other furies she had a coiffure of snakes and had the job of tormenting sinners into madness.
exagitere < *exagito*, second person singular (*-re* for *-ris*) present passive subjunctive, "torment, disturb"; subjunctive in an indirect question.
colubris < *coluber*, "snake."

30 **saluis ... restibus:** ablative absolute. *restibus* < *restis*, "rope" (i.e., by which to hang yourself).

31 **caligantes:** "dizzy, vertiginous."
fenestrae: i.e., available to jump out of.

32 **uicinum:** accusative to modify *se*; "nearby, as a neighbor."
Aemilius pons: a main bridge over the Tiber in the center of Rome; i.e., available to jump from.

33 **exitus:** "exit," i.e., "death."

34 **quod:** "that."

pusio: nominative, "little boy." Adult Roman males are normally described as enjoying pederasty as well as intercourse with women.

35 **noctu:** adverb, "at night."

litigat < *litigo*, "quarrel, go to court"; cf. 268-85 below.

exigit < *exigo*, "exact, demand."

36 **munuscula:** diminutive of *munus*, here "gift"; Roman poets often complain of the greed of both mistresses and boys. Cf. 149-60 below.

36f The boy won't complain if you don't exhaust yourself in sexual athletics.

37 **lateri** < *latus*, "side, flank"; a common euphemism for male genitalia, esp. as capable of exhaustion.

parcas ... anheles: "spare (+ dative) ... pant"; subjunctives in a clause giving another's reasons (*AG* 540.2, 592.3).

38-59 First exemplum: the noted adulterer Ursidius is getting married—but where will he find a chaste wife?

38 **lex Iulia:** the *lex Iulia de maritandis ordinibus* ("Julian law on the ranks that must marry"), c.18 B.C., which gave rewards for parenthood and penalized failure to marry.

tollere: here, "to acknowledge, to claim as his own"; the father decided whether he would keep the newborn child or not, by lifting it up (*tollere*) in a formal ceremony.

39f As a single man without an heir, Ursidius has been courted and presented with gifts of rich food by legacy hunters (*captatores*)—a common topic for Roman satire. Now he will have to do without these attentions.

cariturus < *careo*, "lack"; here = "do without," + ablative.

turture < *turtur*, "turtledove," a delicacy.

40 **mullorum ... iubis:** periphrasis for *mullis* < *mullus*, "mullet," a fish viewed as a great delicacy; mullets had beards, here *iubae* (which normally means "manes").

captatore: "legacy hunter," in apposition with *macello* (< *macellum*, "meat market"); the epithet is transferred from the person doing the legacy-hunting to his *locus operandi*.

41 **putes:** potential subjunctive.

43 **ora** < *os, oris*, neuter, "mouth, face": plural for singular (poetic).

capistro < *capistrum*, "halter."

44 **quem:** The antecedent = *moechorum notissimus* = Ursidius.

cista: "chest."

Latini: Latinus was a stock character in a favorite Roman mime; he was an adulterer who was always being caught in the wife's bedroom and made to hide in a chest, in fear of a beating from the returning husband. Ursidius is imagined as experiencing Latinus' predicament in real life.

45 **quid quod:** "What about the fact that ...?" A common rhetorical opening.

et: emphasizes *antiquis ... de moribus*—not just any wife, but a good old-fashioned one.

illi: indirect object, "for him."

46 Juvenal addresses imaginary doctors and asks them to bleed Ursidius, to cure his madness.

nimiam < *nimius*, "excessive."

47 **delicias** [< *deliciae*] **hominis:** "the affectations of the man!" Accusative of exclamation.

Tarpeium limen: "the Tarpeian threshold," presumably the threshold of the temple of Capitoline Jupiter; the Tarpeian rock was on the Capitoline.

48 **auratam:** "gilded," i.e., with gilded horns.

caede < *caedo*, "kill," sacrifice."

iuuencam: "heifer"; the usual nice sacrifice for a female deity.

49 **si tibi contigerit:** "if there falls to your lot, comes in your way."

capitis ... pudici: could be a periphrasis for *pudica*, "chaste" but the following lines (50-51) turn this into a joke about the *os impurum* (mouth contaminated by oral intercourse); a whole group of these jokes revolved around the idea that people who engage in oral intercourse (a) have bad breath and (b) contaminate all they touch (see note on line *O*.4, below). The Romans customarily greeted each other with a kiss.

50 **adeo:** (adv.) "so very"; construe with *paucae.*

Cereris uittas contingere dignae: Understand *sunt*: apparently, married women, who would worship this goddess of fertility. Abstinence from sexual intercourse was a normal prerequisite for participation in ritual; cf. 535-36, and, for Ceres, Ovid *Metamorphoses* 10.431-35.

uittas: "fillets," (hair ribbons) worn in ritual.

51 **timeat:** subjunctive in a relative clause of characteristic.

51f Signs of a celebration of marriage in the house.

52 **postibus** < *postis*, "doorpost."

corymbos < *corymbus*, "cluster of flowers."

53 **unus ... uir:** The ideal Roman wife was married only once (*uniuira*).

Hiberinae: dative (of the name Juvenal is here assigning to the imagined bride).

ocius: "more quickly, sooner."

55-59 Juvenal demolishes the claim that country girls are still innocent.

55 **rure paterno:** local ablative.

55f **cuiusdam ... uiuentis:** Understand *feminae.*

56f "Let her live at Gabii as she lived in the heart of the country, let her live (so) at Fidenae, and then I'll believe [she was chaste] on her father's little farm." Gabii and Fidenae were towns in the country outside Rome; even there, Pudicitia was in retreat.

58 **nil** [= *nihil*] **actum:** Understand *esse.*

59 **senuerunt** < *senesco*, "grow old, become senile."

Iuppiter et Mars: In Ovid, Jupiter is always seducing nymphs in the woods. Mars begat Romulus and Remus on the Vestal Virgin Ilia.

60-81 Women lust after actors.

60 **porticibusne:** The porticos (public promenades) are mentioned by Ovid as particularly good places to pick up women (*Ars Amatoria* 1.491-94).

61 **digna:** "worthy of," + ablative.

cuneis < *cuneus*, literally "wedge"—the technical term for the sections of seats at the theater.

62 **quod ... quodque:** a rather contemptuous equivalent for *feminam quam ... quamque.*
ames ... possis: subjunctives in relative clauses of characteristic.
excerpere: "to pluck out," i.e., "select"—or "tear away."

63 Juvenal describes a scene from pantomime, which was like ballet.
chironomon < *chironomos*, Greek accusative form, "ballet dancer"; in apposition with *Ledam*, though it logically should go with *Bathyllo*.
Ledam: object of *saltante*, as we would say "playing Leda" or, of a ballet, "dancing 'Leda'." Leda was raped by Zeus in the form of a swan; presumably this scene is now on stage.
molli saltante Bathyllo: ablative absolute. *molli* < *mollis*, "soft, effeminate." Such men are often claimed in satire to be both attractive and attracted to women. *Bathyllo:* Bathyllus was a great pantomime star in the time of Augustus; here used as a type of pantomime actor. It was common for male actors to play female roles, and in pantomime one actor played all the roles.

64 **Tuccia ... Apula:** women imagined as in Bathyllus' audience. The name "Apula" indicates an origin in rustic Apulia.
uesicae < *uesica*, "bladder"; she wets herself.
gannit < *gannio*, "squeal," an animal noise.

65 This line is bracketed because it is difficult to construe; if Apula is squealing "as in an embrace, suddenly, plaintively and long," the *et* should be between *miserabile* and *longum*. But (1) *subito* should clearly be construed with *amplexu* and (2) the adjectives *miserabile* and *longum* are appositional, both verging on substantives with modification from the other (cf. *acre malum*, 109). The line might be a gloss on *gannit*; the *et* might well come out; but the syntax alone surely does not warrant the brackets. Translate "just as in a sudden clinch, a wretched sostenuto." See *OLD* s.v. *longum* 4.

66 **Thymele:** Elsewhere, "Thymele" is the name given to a female character in the adultery mime (cf. Juvenal 1.36, 8.197, and see on 44); it seems probable that she was a buxom country wench in the mime and that the name here is a type-name.

67-77 Juvenal contrasts other types of theater with the spectacular and (so he says) titillating pantomime described in 63-66, as stimuli to women's lusts.

67 **ast** = *at.*
aulaea: "theater curtains"; nominative plural.
recondita: "out of sight again." In Roman theaters, the curtains came down at the beginning of the play and up at the end.

68 **uacuo clusoque** [= *clauso-que*] **... theatro:** ablative absolute.

69 **plebeis** [sc. *ludis*]: the Plebeian Games (November 4-17).
longe: "far away"; understand *absunt*: "when it's a long way from the Plebeian Games to the Megalesian."
Megalesia: The Megalesian Games (April 4-10). Both sets of games were associated with yearly religious festivals and included theatrical shows.

tristes: "severe, with gloomy countenance"; modifies *aliae* (67), the subject of *tenent* (70).

70 **personam thrysum ... subligar:** "the mask, the thyrsos (rod carried by followers of Dionysus—here a prop), loincloth (actor's underwear)"; all suggest the tragic theater.

Acci: Apparently "Accius" is here an actor's name.

71 **Vrbicus:** imagined name of an actor, here in the Atellan farce (an especially rustic type of indigenous theater).

exodio < *exodium*, "comic afterpiece." Atellans were given as afterpieces for serious drama; *Atellanae* is either a descriptive genitive with *exodio*, or (better) modifies *Autonoes*.

72 **Autonoes:** Greek genitive singular < *Autonoe*, the name of the mother of Actaeon (the boy transformed to a stag and torn to bits by his dogs); mock epic was common fare in Roman humor. N.b., both Urbicus and Bathyllus appeal to women while playing female roles.

pauper: This was a lower-class kind of theater.

73f Juvenal contrasts different types of women, with different preferences.

73 **his:** "for some women, ..."

magno: "for a great price"; ablative of price.

comoedi < *comoedus*, "comic actor."

fibula: nominative singular. *Fibula* usually means "brooch"; the *fibula* referred to here was a sort of male chastity belt, which consisted of a penis-sheath with a pin running through the foreskin. Sexually valuable (or dangerous) slaves might be forced to wear them, but singers wore them voluntarily, as sexual activity was thought to be bad for the voice.

sunt quae: "there are women who ..."; + subjunctive of characteristic.

74 **Chrysogonum:** type-name, apparently for a singer.

tragoedo < *tragoedus*, "tragic actor."

75 **expectas ut:** "do you expect that ...?"

Quintilianus: Quintilian, the famous professor of rhetoric (c. A.D. 30—100), whose books still survive.

76 **citharoedus:** "player on the *cithara* (lyre)."

76f **de qua ... fiat:** relative clause of purpose.

Echion ... Glaphyrus ... Ambrosius: all Greek names.

choraules: "flute-player" (theatrical accompanist); Greek nominative.

78f Juvenal apparently describes preparations for a wedding celebration, the futility of which will be demonstrated (81) by the evidence of the wife's adultery with a gladiator.

78 **figamus** < *figo*, "affix"; hortatory subjunctive.

pulpita < *pulpitum*, "platform." From the parallel with line 80, these must be part of the trappings of a showy wedding, but their existence is attested only here. Perhaps they were walkways, like the white runner sometimes laid out nowadays; *pulpita* elsewhere are for performers.

uicos < *uicus*, "neighborhood," here "block."

79 **grandi** < *grandis*, here "abundant."

lauro: usually the sign of victory.

80 **testudineo ... conopeo:** "canopy bed of (or inlaid with) tortoise shell"; *conopeo* < *conopeum*, "mosquitto netting," but on the evidence of this passage it must have acquired the sense, "bed with a screen attached."
Lentule: "Lentulus" (a proud aristocratic name) is a type-name given to the husband Juvenal imagines cuckolded by a decidedly lower-class male.

81 **Euryalum:** again, a Greek name; also mock-epic.
murmillonem: A *murmillo* was a type of gladiator, one who fought with a *Thraex* or a *retiarius* (net-fighter) and wore a helmet with a fish for crest. All free gladiators (along with actors and prostitutes) were *infames*, "persons of ill repute," deprived of certain civil rights; the rest were slaves and criminals. See Keith Hopkins, *Death and Renewal* (Cambridge, 1983) 1-30.
exprimat < *exprimo*, "express," i.e., "show a resemblance to"; subjunctive in a purpose clause.

82-113 The senatorial wife Eppia gives up all to follow a gladiator.

82 **comitata est** < *comitor, -ari*, "accompany."
ludum < *ludus*, "gladiatorial troupe," of which Eppia's boyfriend is part.

83 **Pharon:** Greek accusative ending. The Pharos was the famous lighthouse on the island of Pharos, off Alexandria in Egypt.
famosaque moenia Lagi: Lagus was father of Ptolemy I (first of the dynasty that ruled Egypt from 304-30 B.C.); the city referred to is Alexandria. *Famosa* here = "notorious, infamous."

84 **prodigia ... mores:** objects of *damnante*.
urbis: i.e., Rome, as represented by Eppia's behavior.
damnante Canopo: ablative absolute. Canopus was an Egyptian town proverbial for its decadence (cf. *Satire* 15.45-46); a city that Canopus condemns must be terrible.

85 **illa:** "she," i.e., Eppia.
domus: genitive.

86 **indulsit** < *indulgeo*, here "concede."
plorantis ... natos: object of *reliquit* (87).
improba: parallel with *immemor*, and still modifying *illa*.

87 **utque ... stupeas:** parenthetical.
ludos Paridemque: also objects of *reliquit*; *ut magis stupeas* is typical Juvenalian sarcasm, implying that it is harder to believe she would leave the shows than her children. *ludos:* here, "spectacles." *Paridem:* "Paris" is a type-name for an actor, from the famous Paris of the court of Domitian.

88 **opibus** < *ops*, "wealth."
pluma: ablative < *pluma*, "feather"; synecdoche for "down mattress," a luxury item.

89 **segmentatis:** "appliquéd"; a feature of luxurious tailoring or decor, done in rich fabrics. Here presumably the epithet is transferred from the coverlet to the cradle.
dormisset: concessive subjunctive with *quamquam*.
paruula: modifies the subject of *dormisset*.
cunis < *cunae*, "cradle."

90 **contempsit** < *contemno*, "despise," here, "think nothing of."
pelagus: accusative.
olim: "long since."

91 **cuius:** The antecedent is *famam* (90).
minima: predicate adjective.
iactura: "throwing away, loss."
cathedras < *cathedra*, "chair"; the *molles ... cathedras* are the chairs of aristocratic women. In other walks of life (Juvenal here implies) reputation is (paradoxically) more highly valued.

92 **Tyrrhenos:** (adjective) "of the Tyrrhenian sea" (between Italy and Sardinia and Sicily); modifies *fluctus*.

93 **Ionium:** Ionian Sea (between Greece and Italy); accusative.

94 **mutandum ... esset mare:** passive periphrastic; concessive subjunctive with *quamuis*.

94-99 Juvenal contrasts Eppia's sangfroid in following her gladiator with the delicacy manifested by a wife forced to accompany her husband on a sea voyage.

94f **pericli** [= *periculi*] **ratio:** "the reason for the danger (i.e., the trip)."

95 **timent:** The subject is women in general.
gelantur < *gelo*, in passive, "freeze."

96 **insistere** < *insisto*, "stand [firm] on."
plantis < *planta*, "sole of the foot."

97 This *sententia* implicitly contrasts the fortitude of women embarking on immoral conduct with the feebleness of the women grudgingly doing their duty in 94-96; note the emphatic opposition of *fortem* and *turpiter*.

98 **iubeat:** subjunctive in a future less vivid condition.
conscendere nauem: (idiom) "to board ship."

99 **sentina:** "bilge"; understand *est*.
grauis: i.e., the smell is oppressive.
summus uertitur aer: "the topmost air goes round," i.e., the wife grows dizzy.

100 **quae ... ualet:** another *sententia* describing the adulteress' fortitude.
illa: "the former," i.e., the wife traveling with her husband.

101 **conuomit:** "vomits over."
haec: "the latter," i.e., the adulteress.
prandet < *prandeo*, "dine."

102 **puppem** < *puppis*, "poop deck."
rudentis < *rudens*, "rope"; accusative plural.

103 **qua ... forma:** causal ablative.
exarsit < *exardeo*, "catch fire, burn with lust."
capta: modifies Eppia (104); understand *est*.

104 **ludia:** "gladiator's moll."

105 **Sergiolus:** diminutive of Sergius, the name of a prominent Roman *gens*; here the gladiator's name.
radere guttur: "to shave his neck": a sign of middle age, before which time a short beard was worn.

106 **secto ... lacerto:** i.e., for his wounds in the arena; dative of reference.

107 **deformia** < *deformis*, "ugly"; here a substantive, "deformities."
108 **attritus ... ingens:** modify *gibbus* (109).
galea < *galea*, "helmet;" ablative.
109 **gibbus:** "hump, bump." A. E. Housman disliked the inexact wording here, with the helmet rubbing a hump between the man's nostrils; surely *mediis in naribus* is for *medio in naso*.
malum: substantive, "evil, handicap."
stillantis < *stillo*, "drip."
110 **Hyacinthos** < *Hyacinthus*, the name of a beautiful youth beloved by Apollo.
111 **hoc ... hoc:** objects of *praetulit* (note the switch from 110 where *hoc* was subject).
illa: "this woman," i.e., Eppia; subject of *praetulit*.
112 **amant:** The subject is again women in general.
113 **accepta rude:** i.e., after his retirement; the *rudis* was a wooden staff or sword given to gladiators upon retirement.
coepisset: potential subjunctive.
Veiiento: nominative; the name of a politician under Domitian, apparently an ugly man (Juvenal 4.113).
114-35 The climax of this first catalogue: Messallina, wife (A.D. 40-48) of the emperor Claudius, used to sneak out and spend her nights as a common prostitute.
114 **quid ... domus [fecerit], quid fecerit Eppia:** indirect questions depending on *curas*.
priuata: in the technical sense, as opposed to the high political aristocracy of the imperial household (though Eppia is married to a senator, 82).
Eppia: the protagonist of the previous *exemplum* (82, 104); her name presumably suggests a sort of upper-middle-class status.
115 **diuorum** < *diuus*, "divine," commonly used as a substantive, so that *diuorum* = *deorum*.
Claudius: subject of the indirect question *quae tulerit* (116).
116 **quae:** neuter plural; object of **tulerit.**
dormire uirum: indirect statement; *uir* here, as often, = *maritus*.
118-117 These two lines have been switched by editors because of the asyndeton between *praeferre* and *sumere* if the manuscript order is preserved; if 118 and 117 are switched, and the *et* kept in 117, then both infinitives still depend on *ausa* and are linked by *et*.
118 **meretrix Augusta:** "the harlot Augusta," a harsh oxymoron, since Augusta was the title of the Emperor's wife; equivalent with *uxor* (116) and subject of *linquebat* (119).
cucullos: poetic plural. A *cucullus* was a hooded cloak, associated with illicit sexual activity in Juvenal (cf. 330 below).
117 **ausa** < *audeo*, "dare"; perfect active participle, since *audeo* is semi-deponent; governs *sumere* and *praeferre*.
Palatino ... cubili: "Palatine bed"; i.e., "bed on the Palatine" (the site of the emperor's palace).

tegetem < *teges*, "rush mat"; associated with the sleeping arrangements of prostitutes and slaves in satire.

119 **linquebat:** Understand *virum* (116) as object.
comite ancilla: ablative absolute.
una: ablative of comparison.

120 **flauo ... abscondente galero:** ablative absolute. *flauo ... galero:* "blonde wig." Although heroines of epic and love poetry often are given blonde hair, in satire blonde hair is an attribute of the cheap slaves who came from Celtic countries; Roman women usually had dark hair. So Messallina covers her dark hair with a blonde wig to make herself look like a slave.

121 **centone** < *cento*, "patchwork quilt"; modified by *ueteri*. Probably an ablative of means; a curtain serves as the entrance to a brothel in Petronius.
lupanar: (neuter) "brothel."

122 **cellam:** "cubicle." Individual cubicles for prostitutes are part of the stock description of brothels in satire.

122f **papillis ... auratis:** "gilded nipples"; ablative of description.

123 **titulum** < *titulus*, here the placard over the door of a prostitute's cubicle, giving his or her *nom de guerre*; this is also part of the stock description.
mentita < *mentior*, "counterfeit, "make up."
Lyciscae: a plausible prostitute's name, of Greek form; the element *Lyc-*, "wolf" in Greek, corresponds with the Latin slang *lupa* = "she-wolf" = "whore."

124 **tuum:** because he came out of it.
generose < *generosus*, "well-born"; particularly ironic in the context.
Britannice: vocative. "Britannicus" was the name of Claudius' son by Messallina, a type of name usually accorded to Roman generals after they conquered a nation; Britannicus's name represents Claudius' conquest of Britain in A.D. 43.

125 **blanda** < *blandus*, "wheedling, flattering," often used of prostitutes; modifies Messallina, understood as subject of *excepit*.
intrantis: accusative plural < *intro*; used as a substantive, "(those) entering."
aera: accusative plural < *aes*, "bronze," i.e., "money."

126 Although this line has only late manuscript support, it is surely good enough not to be bracketed. Note the emphasis given by the meter to the sense.
continue: "one after another." But the reading *ac resupina* ("and flat on her back") certainly works better with *iacens*.
ictus: "thrusts," i.e., of sexual intercourse.

127 **lenone ... dimittente:** ablative absolute. *lenone* < *leno*, "pimp."
puellas: here, as often, *puella* is used of a woman as sexual object—here of prostitutes, in the lyricists and elegists of a mistress.

128 **tristis:** modifies the subject of *abit*, still Messallina.
quod potuit: parenthetical, "the most she could do."

129 **tentigine:** causal ablative, construed closely with *ardens*; < *tentigo*, "stiffness," often used of male erection; a rare allusion to physical manifestations of female sexuality.
uoluae < *uolua* (= *uulua*), "womb."

130 **uiris** < *uir*, ablative of means.

131 **obscuris genis:** ablative of respect, depending on *turpis*.
genis < *genae*, "cheeks."
fumo < *fumus*, "smoke"; ablative of means, depending on *foeda* (132).
lucernae < *lucerna*, "lantern" (used to light her *cella*).

132 **puluinar** (n.): "sacred cushion," i.e., the bed of Claudius. A joke: the *puluinar* was used to support the statue of a god at special religious banquets; Juvenal returns to his depiction of Claudius (who was apotheosized, to the amusement of all, at his death) as *riualis deorum* (cf. 115).

133 **hippomanes, carmen, uenenum:** objects of *loquar*. Messallina's successor as Claudius' wife, Agrippina, supposedly poisoned both Claudius and her predecessor's son Britannicus, in order to make way for her own son—Nero. *hippomanes:* accusative singular; a membrane from the forehead of a newborn foal, much spoken of as useful in magic charms for stimulating lust. *carmen:* here, as often, "charm" or "incantation."
coctum < *coquo*, "cook."

134 **priuigno** < *priuignus*, "stepson"; Britannicus, Agrippina's stepson.

134f An enigmatic *sententia*; i.e., sexual crimes, even Messallina's prostitution, are nothing compared to the worse crimes to which women's nature impels them.
faciunt: Understand *feminae* as subject.
grauiora: "worse (things)" than prostitution.

135 **imperio sexus:** "at the command of (their) gender" (cf. 253, 341 below).
minimum: (adverbial) "least of all."
libidine: causal ablative.

136-41 Wealthy wives behave just as they please.

136 This line and others (e.g., 142, 161) represent things comeone might say in response to Juvenal. Here the interlocutor is puzzled: if women are as bad as Juvenal claims, why would a husband describe his wife as virtuous?
quare: "why ...?"
Caesennia: a standard Roman woman's gentile name, i.e., from the *nomen* proper to her *gens*.
teste marito: ablative absolute.

137 **bis quingena:** "twice five hundred (thousand sesterces)," i.e., as a dowry. Amounts of money over a hundred thousand sesterces are abbreviated by naming the number of hundreds, the thousands being implied.
tanti: "for such a price," or "that's what it's worth to him to ..."; genitive of indefinite value.
ille: her husband.

138 I.e, it's avarice, not lust, that fuels his love. The symptoms Juvenal here denies are the stock claims of the love poets.
pharetris Veneris: here in place of the more standard reference to the archery of Cupid, Venus' son.
pharetris < *pharetra, -ae*, "quiver"; causal ablative.
macer: "thin"; modifies *maritus*, understood.
lampade < *lampas*, "torch"; causal ablative; another standard weapon of Cupid.

139 **inde:** i.e., from her money; looks ahead to *a dote*.
faces < *fax*, "torch."
dote < *dos*, "dowry."

140 **libertas:** i.e., the wife's.
coram: "free to face with"; understand *marito*.
licet: "it is permitted"; governs the subjunctives *innuat* and *rescribat* (141).
innuat < *innuo*, "nod," as to one's lover; the subject is the wife.

141 **rescribat:** "write (a note) back"; this kind of behavior is cited by other commentators on adultery.
uidua: "unmarried, single."
locuples: "rich (woman)."
nupsit < *nubo*, "marry"; + dative.
auaro: "greedy (man)."

142-60 A beautiful wife will be cast off by her husband when her beauty fades; meanwhile, she bleeds him dry.

142 **Bibulae:** an aristocratic cognomen, associated with Caesar's co-consul Calpurnius Bibulus; it means "thirsty."
Sertorius: a famous *nomen*, associated with a diehard general of the first century B.C..

143 **uerum:** here = *ueritatem*.
si ... excutias ... amatur: *si ... excutias* is the protasis of a future less vivid (should-would) condition; the apodosis is an implied "you would find that ..."

144 **tres:** modifies *rugae* (< *ruga*, "wrinkle").

144f **subeant ... laxet ... fiant:** present subjunctive, implied protasis of a future less vivid condition, with *dicet* (146) as the (more vivid) apodosis. Latin invective often attacks old women, especially for their physical appearance; the features listed here are standard. See A. Richlin, "Invective against Women in Roman Satire," *Arethusa* 17 (1984) 67-80; also below, on 192-99.

146 **collige sacrinulas:** "pack your bags"; slangy version of the traditional formula for divorce, "*tibi res tuas habeto*," spoken by the husband to the wife he was dismissing.
libertus: "freedman," here serving notice on the wife for his master, her husband.
exi: present imperative < *exeo*.

147 **emungeris** < *emungo*, here with middle force (passive used for action affecting the self); "you wipe your nose."

148 **propera:** imperative < *propero*, "hurry."
sicco ... naso: ablative of description.
149 **poscit:** takes two objects, "ask X (for) Y."
150f Lists the property the wife makes her husband buy.
ouem < *ouis*, "sheep."
Canusinam: "of Canusia," a town in southern Italy, famous for its wool.
ulmos Falernas: "Falernian elms." The Falernian district was most famous for wine; the vines were trained on elm trees. The wife thinks big.
151 **pueros:** here, as commonly, "slaves."
ergastula: An *ergastulum* was a slave prison; presumably Juvenal means that the wife wants the husband to buy all the slaves out of it.
152 **domi:** locative.
ematur: hortatory subjunctive.
153 **brumae** < *bruma*, "winter solstice"; the time of the Saturnalia, when presents were given.
mercator Iason: There was a mural of Jason and the Argonauts in the portico of Agrippa; 153-54 describe the market there full of the canvas booths of dealers at the midwinter fair of the Sigillaria, at which all sorts of pottery were sold (cf. Courtney for sources).
154 **clausus** [sc. *est*]**:** "has been enclosed."
armatis ... nautis: i.e., the Argonauts.
casa candida: i.e., tent(s), or booths.
155 **tolluntur** < *tollo*, "pick up, carry off."
crystallina: "crystal dishes."
156 **murrina:** "murrine vases"; made of a semiprecious stone.
adamas: "diamond"; nominative singular. The description of the diamond goes off on a tangent; Juvenal says it had belonged to Berenice, sister of King Agrippa II of Judaea, who was the mistress of the emperor Titus.
Beronices: genitive singular (Greek form).
158 As the text stands, *barbarus* = *Agrippa*, *incestae* = *sorori*; the second clause says the same as the first, only more specifically. But Housman's emendation of *gestare* for *dedit hunc* certainly smoothes out the line.
incestae: Berenice was suspected of incest with her brother.
159f A periphrasis for "the land of the Jews" with reference to the dietary laws; the whole two lines depend on *ubi* (159).
reges: subject of *obseruant*.
festa ... sabbata: accusative plural.
mero pede: *Merus*, "pure," is usually applied to wine, to mean "unwatered"; here whimsically applied to feet, = "bare."
160 **uetus:** "traditional"; modifies *clementia*.
indulget: "is kind to"; + dative.
161-83 Juvenal refuses to believe in the existence of any acceptable women. Good women are intolerable.
161 **uidetur:** In the passive, *uideo* often means "seem."

162 formonsa: alternative form of *formosa*.

162f sit, disponat: hortatory subjunctives with concessive force.

uetustos ... auos: Juvenal here refers to the *ius imaginum*, the right of Roman nobles to display the death-masks of their ancestors in the reception areas of their houses, or to the aristocratic practice of keeping statues of your distinguished ancestors in your patio.

auos < *auus*, "grandfather."

intactior: "more undefiled"; i.e., a virgin.

163f omni ... Sabina: ablative of comparison. Juvenal refers to the "rape of the Sabines" (the carrying off of the young Sabine women by the pioneers of Rome) and the later intercession by these young women in the battle between their fathers and their new husbands.

crinibus effusis: ablative absolute, for the more common *crinibus passis*; in Roman history, epic, and moral *exempla*, women conventionally show grief by letting down their hair.

dirimente < *dirimo*, "break up"; modifies *Sabina*.

165 Quite a famous line. *Intactior* (163), *auis*, and *simillima* are all predicate nominatives and adjectives referring to the unspecified female subject of *sit* and *disponat*.

cycno < *cycnus*, "swan."

166 constant: "balance, add up perfectly."

malo: "prefer."

167 Venustinam: given as a type-name for a mistress; made from *uenustus*, "charming."

167f Cornelia, mater Gracchorum: One of the proverbially virtuous women of Republican Rome, daughter of Scipio Africanus (the conqueror of Hannibal and Syphax in the second Punic War) and wife of the consul Tiberius Sempronius Gracchus. Of her two sons by him (who grew up to become assassinated revolutionaries), she is said to have said, "These are my jewels."

168 adfers: second person singular < *adfero*.

169 supercilium: literally, "eyebrow"; a raised eyebrow is often cited as a sign of supercilious disapproval.

numeras < *numero*, "number, count."

170 tolle: here "take away"; still addressing Cornelia.

171 migra < *migro*, "move on." Juvenal's command is essentially the same given by the husband at 146, only on a grander and more figurative scale.

172-77 Now Juvenal moves on to Niobe, the mother whose pride in her fourteen children led her to snub the goddess Latona, whose mere two children, the archers Apollo and Diana, then killed all of Niobe's children.

172 "parce ...": The words are spoken by Amphion (174), Niobe's husband; as you would expect, Juvenal twists the myth by taking his point of view.

Paean: "Healer", epithet of Apollo; vocative.

dea: i.e., Diana.

pone: "put down."

174 contrahit: "draws."

175 **extulit** < *efferro*, "bear out, bury." The subject is *Niobe* (177).
parentem: Amphion, who killed himself when he saw what was happening.

176 **sibi ... uidetur:** "seems to herself," i.e., "believes herself to be ..."
gente: ablative of comparison; construe closely with *Latonae*. Niobe was related to Zeus both by birth and marriage; Latona's parents were mere Titans. In Ovid's version (*Metamorphoses* 6), Niobe prefaced her final vaunt over Latona with an account of her noble lineage.

177 **eadem:** predicate adjective modifying *Niobe*; here with the force "likewise."
scrofa ... alba: "than the white sow." Juvenal refers, with comic anachronism, to the white sow with thirty piglets which was to serve as an omen of the future site of Rome to Aeneas.

178 **tanti:** genitive of indefinite value (cf. 137); understand *est.*

179 **inputet** < *inputo*, "boast of X, cast X up to Y"; + dative. Subjunctive in a result clause.

179f **uoluptas nulla:** Understand *est*.

180 **corrupta:** substantive, "a woman corrupted."

181 **aloes:** the Greek form of the genitive singular, < *aloe*, "aloe" (a plant renowned for its bitterness); partitive genitive with *plus*.
mellis < *mel*, "honey."

182 **usque adeo:** "so."
effert: here = "extol."

182f **ut non ... horreat ... -que ... oderit:** negative result clause; *horreat*, "shudder at."

183 **in ... diem:** "every day."
septenis ... horis: ablative of duration of time (*AG* 424b). *septenis* < *septeni*, "seven each"; the daytime is thought of as having twelve hours.

184-99 Some women lapse into Greek in order to sound refined, or alluring.

184 **quaedam:** neuter plural nominative.
toleranda: passive periphrastic.

185 **rancidius:** "more stinking," i.e., "more disgusting."
quod: "that."

186 **quae:** "one who."
Tusca: i.e., a native Italian.
Graecula: sneering diminutive. Juvenal generally dislikes foreigners.

187 **Sulmonensi** < *Sulmonensis*, "of Sulmo," a town east of Rome.
mera: another twist on *merus* (cf. 159).
Cecropis: "a female descendant of Cecrops (legendary founder of Athens)," i.e., "an Athenian woman"; nominative.
Graece: (adverb) "in Greek."

188 Bracketed as a possible interpolation (line interjected by a scribe copying the text). The *sententia* disrupts the flow of thought in the argument (not, however, an unanswerable objection in Juvenal) and echoes a line of Cicero (*Brutus* 140); it may be a marginal comment that found its way into the text. *Nostris* (substantive, feminine dative plural) implies a point of view closer to these women than the angry third person of *pauent*, *effundunt*, *concumbunt* in the following lines.

189 **sermone** < *sermo*, here "language."

189f **iram, gaudia, curas, cuncta ... secreta:** objects of *effundunt.*

190 **hoc:** Understand *sermone* again.
quid ultra?: rhetorical question—"What more (do you want)?"

191 **concumbunt:** euphemism, cf. "they go to bed."
dones < *dono*, hortatory subjunctive with concessive force.

192-99 Here Juvenal touches on that common source of Roman humor, invective against old women. They are often, as here, claimed to be interested in sex to an unseemly degree; see on 144-45.

192 **tune** = *tu* + *ne.*

193 **adhuc Graece:** Understand *loqueris.*

194 **uetula:** "old woman"; diminutive formed from *uetus.*

194-96 "Whenever that sexy 'chèri, mon âme' breaks in, you'll be using in company (words you've) just left under the blanket."

195 **ζωὴ καὶ φυχή:** "life and soul," Greek terms of endearment. These words are the subject of *interuenit* and are modified by *illud.*
modo ... relictis: object of *uteris* (196); *relictis* is neuter ablative < *relinquo*, "things left." But the meaning is very difficult and Housman's *ferendis* gives much better sense: "(words that) are only tolerable under the blanket." *modo:* "just," recently"; construe closely with *relictis.*
lodice < *lodix*, "blanket."

196 **uteris:** future < *utor*. The idea is that the language affected by these women is not only Greek but lascivious, and belongs (if anywhere) in the bedroom—but they use it in the streets.
excitet: potential subjunctive.
inguen: object of *excitet*; modified by *quod.*

197 **blanda:** See on 125.
nequam: "naughty"; indeclinable adjective, modifying *uox.*

197f **ut ... subsidant pinnae:** "that (your) feathers may droop" (as a sign of punctured pride). The logic is compressed; after the purpose clause, Juvenal implies "I will tell you that" as a link to *dicas ... annos* (198-99). See *AG* 532.

198f **dicas haec ... quamquam:** "although you may say these (Greek words)..."
mollius: "more softly."
Haemo, Carpophoro: Greek actors (?), apparently mellifluous; ablatives of comparison.
facies: subject of *conputat.*

200-30 Warming up with some generalizations on the needlessness of getting married, Juvenal proceeds to some specifics on how wives torment their husbands.

200 **pactam iunctamque:** modify *feminam*, the understood object of *es amaturus* (201); cf. 25.

201 I.e., why bother, if you won't love this potential tormentor?

ducendi [sc. *uxorem*]: gerund < *uxorem decere*, "get married"; depends on *causa* (202).

202-5 Juvenal describes traditional wedding hospitality and largesse.

202 **nec est quare:** "nor is (there any reason) why ..."
mustacea: "wedding-cakes."
perdas: "waste"; subjunctive in an indirect question.

203 **labente officio:** ablative absolute; *officio*, "duty," by antonomasia stands for the guests who must attend; translate, "as the guests ebb and flow."
crudis: "those with indigestion"; i.e., they cram in the food so that they have indigestion by the time they try to eat the cake.
donanda: gerundive, modifying *mustacea.*

204 **prima:** modifies *nocte.*

204f Apparently describes a sort of commemorative tray full of gold coins given by the groom to the bride after the wedding; Trajan took the epithets *Germanicus* and *Dacicus* (see on 124), here the titles are stamped on his coins.
lance < *lanx*, "platter," feminine; local ablative (*AG* 429.4).

205 **scripto:** "inscribed."
radiat: "gleams."

206 Juvenal addresses the man who is determined to marry.
si ... simplicitas, ... est (207) ... : Understand *est* after *si*, and *et* after the comma. The asyndeton (lack of connective) between the two clauses compensates for the ellipsis of *est* in the first clause by moving the reader on to the *est* of the second clause.
uni: feminite dative singular.

207 **ceruice parata:** ablative absolute.

208 **parcat** < *parco*, "spare," + dative; subjunctive in a relative clause of characteristic.

209 **licet:** See on 140; here *licet* = "although" and takes a concessive subjunctive (*ardeat*).

209f **tormentis ... et spoliis:** ablatives, depending on *gaudet.*

210 **spoliis; igitur ... minus utilis:** i.e., the more the husband has to offer a wife, the more he will be obliged to offer her.
illi: antecedent of **quisquis** (211).

211 **optandus:** "desirable"; gerundive < *opto.*

212-24 The wife runs her husband's life.

212 **inuita ... coniuge:** ablative absolute.

213 **nihil ... emetur:** Whereas *nil* and *nihil* have been objects of the two preceding verbs, Juvenal now pulls a switch; this *nihil* is subject of *emetur* (cf. note on 111).
haec: subject of *nolet.*

214 **dabit:** i.e., "will determine, will set up."
affectus: "friendships"; accusative plural.
excludatur: hortatory subjunctive.

215 cuius barbam: i.e., from the time it began to grow until he shaved it off at age forty (see Courtney on 4.103; cf. 105). He is *iam senior*; your house has thus known him from his late youth to his middle age.

216-18 Although the wife makes the husband neglect his old and worthy friends, she will choose as his heirs her own lovers.

216 lenonibus atque lanistis: dative of possession. Ironic; these most despised men can choose their heirs, while the husband cannot.

217 iuris idem = *idem ius*; *iuris* is partitive genitive.
harenae: antonomasia for "gladiators"; dative depending on *contingat*.

218 tibi: Construe closely with *riualis*.

219 An abrupt switch to a new fault; the wife is not only cold to the husband's friends but cruel to his slaves.
'pone ... seruo': The wife speaks.
crucem: the standard ultimate punishment for a slave.
'meruit ...?': The husband replies.

220 detulit < *defero*, "inform on."

221 nulla: modifies *cunctatio*.

222 'o demens ...': The wife replies.
homo: "human being, member of the human race"; used of women as well as of men (cf. 284), or generically (596).
fecerit: concessive subjunctive.
esto: future imperative of *sum*, "let it be so."

223 sit: hortatory subjunctive.

224 imperat: The wife is the subject.

225 permutat ... : Juvenal claims that wives divorce and remarry their husbands frivolously.
flammea: The *flammeum* was the saffron-colored wedding veil worn by a bride.

226 spreti < *sperno*, "scorn"; modifies *lecti*.

227f ornatas ... fores ... uela ... ramos: signs of a wedding in the house. *fores* < *foris*, "door"; *uela* < *uelum*, here "awning."

227 paulo ante: "a little earlier," i.e., "only recently"; *paulo* is ablative of degree of difference.

228 adhuc: Construe closely with *uirides*.

229 octo: indeclinable; modifies *mariti*.

230 quinque per autumnos = *per quinque annos*. Here the *titulus* is an epitaph; cf. on 123. The model epitaph for a Roman wife would have praised her as *uniuira* (cf. on 53).

231-41 A mother-in-law makes life unlivable.

231 desperanda: Understand *est*; passive periphrastic.
socru < *socrus*, "mother-in-law"; in ablative absolute with *salua*.

233 missis ... tabellis: ablative absolute.
corruptore: an adulterer.

234 rude ... simplex: "naive, uncomplicated"; neuter, modifying *nil*.

235 custodes: Guards over the wife are mentioned again at 347-48, *O*.31-34.
aere: See on 125.

235-38 The mother-in-law feigns illness to give the wife an excuse to come to her house, where the wife's lover is concealed.

236 **Archigenen:** Greek accusative < *Archigenes*, a type-name for a doctor.
pallia < *pallium*, here "blanket." The *pallia* are *onerosa* because the mother is not really sick.

238 **praeputia** [< *praeputium*, "foreskin"] **ducit:** "pulls (back) his foreskin," i.e., masturbates.

239 **expectas ut tradat:** See on 75.

240 **quos** = *eos quos*.
porro: "rather, on the contrary."

241 **turpi uetulae:** dative, depending on *utile*.

242-45 Women go in for lawsuits.

242 **fere:** "almost."
litem < *lis*, "lawsuit."

243 **Manilia:** woman's gentile name.
rea: (nominative) "defendant."

244f That a woman should speak in court was not impossible or unheard of, but it was remarkable.
libellos: "briefs."

245 **principium:** a rhetorical technical term for the grounds on which the sympathy of the jurors was engaged.
locos: "commonplaces."
Celso: Celsus was a noted writer on oratory, mentioned frequently by Quintilian.
paratae: modifies *ipsae* in 244; the rest of 245 depends on it.

246-67 Women like to go in for gladiatorial combat themselves.

246 **endromidas:** *Endromidae* (singular *endromis*) were the equivalent of warm-up suits.
Tyrias: i.e., purple; luxury incongruous (to a Roman) with the function of the clothing.
ceroma: (neuter accusative singular) either wrestlers' ointment (Duff, *TLL*), or the sand of the wrestling ring (Courtney, *OLD*, *LSJ*).

247 **pali:** The *palus* was a wooden stake set in the ground, on which sword-fighters practiced.

248 **quem:** The antecedent is *pali* (247).
cauat < *cauo*, "hollow out"; the subject is *matrona* (250).
rudibus: The *rudis* was a wooden practice sword; cf. on 113.
scuto < *scutum*, "shield."

249 **numeros:** here "positions" or "steps"; perhaps a gladiatorial practice routine.
prorsus: "immediately."

250 **Florali ... tuba:** "The Floralia's trumpet"; ablative, depending on *dignissima*. The festival of the Floralia featured prostitutes in its games; this passage implies that those games included mock gladiatorial combats. The *matrona* has sunk alarmingly low.
nisi si quid: But she may sink even lower, and become a professional gladiator.

quid: object of *agitat* (251).
251 plus: modifies *quid.*
paratur: impersonal; translate "she is preparing for ..."
252 praestare < *praesto*, here "offer."
galeata: "helmeted"; adjective formed from *galea* (see on 108).
253 uires < *uis.*
254 nollet: potential subjunctive.
uoluptas: a bitter parenthetical allusion to the idea that men's pleasure in intercourse was a tenth that of women.
255-58 Juvenal pictures the husband's embarrassment were the wife to hold a sale of her gladiatorial gear.
256 balteus: "swordbelt."
manicae: "armguards."
cristae: "plumes," from a helmet.
256f cruris ... dimidium tegimen: shinguard worn on the left leg.
257f diuersa ... proelia ... ocreae: The armor described in 256-57 belonged to one type of gladiator, the Samnite; the *ocreae* ("greaves") to a *Thraex.*
uendente puella: ablative absolute.
259f Juvenal claims (bitterly) that these same women cannot bear to wear any but lightweight clothing; cf. the conflicting behaviors he paints at 82-102.
cyclade: The *cyclas* was a formal dress worn by women.
260 delicias: here = "delicacy"; object of *urit.*
panniculus: diminutive of *pannus*, "rag, wisp."
bombycinus: "silken."
261 aspice: imperative (parallel with *ride* in 264).
monstratos: i.e., by an instructor.
perferat: subjunctive in indirect question; "she" is the subject (parallel with *curuetur* [262], *sedeat* [263]).
262f quanta ... fascia: "how large a support bandage."
quam denso ... libro: "with what thick padding"; ablative of description. *libro* < *liber*, of which the primary meaning is "bark of a tree," here "padding" (as we might say "cotton").
264 positis < *pono*, "set aside."
scaphium: Here Juvenal achieves the comic climax of the section with another incongrous juxtaposition; the *scaphium* (Greek *skaphion*) was the chamberpot used by women, distinguished by its shape.
265 neptes < *neptis*, "granddaughter."
265f Lepidi caeciue Metelli Gurgitis aut Fabii: all genitive singular; famous aristocrats of the good old days. The order of the names is that common in the first century A.D.; normal order would be Metellus Caecus, Fabius Gurges.
266 ludia: See on 104.
267 gemat < *gemo*, "groan," from exertion.
Asyli: probably a gladiator.

268-85 In order to cover up her own infidelities, the wife accuses the husband of unfaithfulness.

269 **dormitur:** impersonal; translate, "sleeping goes on."

270 **tum:** correlative with *cum* (271): "then ... when."
orba < *orbus*, "childless, bereft of young."

271 **gemitus:** accusative.
occulti ... facti: i.e., her own infidelities.

272 **pueros:** here, as in 151, = "slaves"; but the idea of youth is present, for these are slave boys, with whom she is accusing the husband of carrying on (cf. 34-37).
paelice < *paelex*, "concubine."

273f **uberibus ... lacrimis ... -que paratis ... atque expectantibus:** ablative absolute; the tears are personified as if they were soldiers.

274 **in statione:** "on guard."

275 **quo ... modo:** "in what way."
iubeat: subjunctive in indirect question.
amorem: Understand *hunc ... esse.*

276 **tibi ... places:** "you pride yourself."
uruca: "worm"; vocative.

277 **lecture:** future active participle < *lego*, "read"; vocative; *scripta* and *tabellas* are its objects.

278 **si ... retegantur:** protasis of a future less vivid condition, of which the apodosis is expressed by *lecture.*
zelotypae < *zelotypus*, "jealous."
scrinia < *scrinium*, "writing-desk."
moechae: "adulteress." Juvenal saves up a surprise word for the end of the line, giving an ironic twist to his description. For the oxymoron *zelotypae ... moechae*, cf. *meretrix Augusta* (118).

279 **serui ... aut equitis:** a devastatingly offhand pairing, and another delayed surprise.

280 **sodes** = *si audes*, "if you please."
hic: "here."
Quintiliane: See on 75; the poet appeals to the great orator to argue this away if he can.
colorem: "line of argument"; rhetorical technical term.

281 **haeremus:** literally, "we're stuck."
ipsa: "yourself" (addressing the wife).
olim conuenerat: "it had been clear for a long time," or "it had long been established ..."

282 **faceres ... possem:** subjunctives in a noun clause.
uelles: subjunctive by attraction in a relative clause subordinate to a subjunctive clause (*AG* 591.2).
nec non: double negative, emphatic.

283f **clames ... confundas:** subjunctives depending on *licet*; see on 209. She accuses the husband of making an unfair fuss.

284 **homo:** "human being"; see on 222.

illis: i.e., women; ablative of comparison.

286-300 A routine example of the *locus de saeculo* ("commonplace on the [degeneracy of the] times"); affords the same sort of variation as the *recusatio* of good women at 161-83, and recalls the opening of the poem (watch for the reappearance of Pudicitia).

286 **unde haec monstra ... quo de fonte:** Understand *veniant* ... *veniant*; indirect questions after *requiris*.

287 **humilis fortuna:** The emphasis is on *humilis*; Juvenal is cuing the reader to expect the customary description of the humble conditions that made the good old days so good.

Latinas: "Latin women."

288 The subjects of *sinebant* are: *labor* (289), *somni breues* (289), *manus* (290), *Hannibal* (291), and *mariti* (291); the conglomeration stands for the circumstances of life in the mid-Republic. It is possible to take *parua* ... *tecta* (288-89) either as (1) the first subject of *sinebant* or as (2) the subject of *contingi* in indirect statement. If (1), then the subject of *contingi* is understood to be the *castas Latinas* of 287.

contingi: present passive infinitive < *contingo*.

288f **parua ... tecta:** Complaints about the Roman predilection for grand houses are part of the *locus de saeculo*.

289 **uellere Tusco:** "Tuscan fleece"; causal ablative, depending on *uexatae duraeque*. Weaving was the function of good Roman women.

290 **urbi:** dative with *proximus*.

291 **Hannibal:** the Carthaginian general who nearly beat the Romans in the Second Punic War (218-202 B.C.); he never besieged Rome, but he came close.

Collina turre: local ablative. The Colline gate was the one where Hannibal himself threatened Rome in 211 B.C.

292 Another complaint of the *locus de saeculo*: peace has softened the once tough and warlike Romans.

292f **saeuior armis luxuria:** a little paradox.

293 **incubuit:** "has attacked"; understand *nobis*.

ulciscitur < *ulciscor*, "avenge."

294 **ex quo:** "from (the time) when."

295 **hinc:** "hence," i.e., "from this cause."

295f **istos ... colles:** synecdoche for Rome (the proverbial seven hills).

296f **Sybaris ... Rhodos ... Miletos ... Tarentum:** nominative. These places all represent Greek and oriental decadence. Sybaris and Tarentum were in Magna Graecia (the southern and Greek part of Italy), and were noted for their luxury; Rhodes, off the southwest coast of Asia Minor was a center of rhetorical training, and Miletus, not far away on the coast of Asia Minor, was a great city.

297 **coronatum:** here "garlanded" (as for a banquet).

madidum: "dripping" (as with perfume or wine).

298 **peregrinos:** another familiar note in the *locus de saeculo*: Rome's vices are foreign (Greek/Asiatic/eastern/effeminate/perverted) luxuries.

obscena pecunia: i.e., filthy lucre.

299 **saecula:** object of *fregerunt* < *frango*.
luxu: *Luxus* was a main catchword in the *locus*.

300ff The poem now reaches a central peak with a description of women's orgies; 300-305, a general description of a drunken banquet; 306-313, women returning home late at night; 314-345, what really goes on at the rites of Bona Dea.

300 Juvenal moves from general decadence back to women's wantonness, using *turpi* (299) as a springboard to *quid enim ...?*
uenus: the goddess depersonalized into her salient characteristic, "lust"; but here repersonified as a drunken woman.
ebria < *ebrius*, "drunken."

301 **sint:** subjunctive in an indirect question.
nescit: The subject is *[ea] quae ... mordet* (302). Another *os impurum* joke; see on 49.

302 **mediis ... noctibus:** a decadent time for a woman to be up and doing anything but spinning; ablative of time.
ostrea < *ostreum*, "oyster."

303 **mero ... Falerno:** Here *merus* finally has its usual meaning "undiluted." Falernian wine was the most expensive; cf. 150 above.
spumant: "splash, foam."
unguenta: subject of *spumant*. Unguents were much used at banquets, but were stigmatized as effeminate.

304 **bibitur:** impersonal; see on 269.
concha: a kind of container for liquids, in the shape of a shell; probably the large perfume-container, out of which they are drinking (Duff, Courtney). Ablative of means.

304f Here follows a description of the sensations of the woman, who has become drunk.
uertigine < *uertigo*, "dizziness"; causal ablative.
tectum: here "ceiling"; subject of *ambulat* (305).

305 **geminis ... lucernis:** She is seeing double.
exsurgit: i.e., seems to rise.

306, 308, 307 As printed: "come on, doubt (if you can), with what a sneer Maura sniffs the air, when she passes the old altar of Pudicitia; what Tullia says, the fellow-nursling of the notorious Maura."

306 **i nunc et dubita:** addressed to the audience: "come on, doubt (if you can), ..." (Friedländer calls this an "ironic imperative").
qua ... sanna [< *sanna*, "sneer"]: ablative of manner.
sorbeat < *sorbeo*, "draw in," i.e., "sniff"; subjunctive in indirect question.
aera < *aer*, "aer"; trisyllable.

308 **Maura:** woman #1, presumably different from the *nota Maura* of 307; one is more notorious than the other. Presumably a freedwoman, from her name (cf. Friedländer ad loc.).
Pudicitiae: last seen in 20; now a statue (310).

307 **Tullia:** woman #2; an aristocratic name—that of (e.g.) Cicero's daughter.

collactea: "milk-mate, fellow-nursling." Aristocratic children were nursed by slave women, sometimes along with the women's own children.
Maurae: woman #3? or just woman #1 again?

It is my opinion that the three lines you have just read should appear in the order 306, 307, 308, with comma after *Tullia*, and that the words *notae collactea Maurae* (307) are corrupt. I suggest emending *notae* to *nota* and *Maurae* to *in aure*. Thus: "come on, doubt (if you can), with what a sneer Tullia sniffs the air, what her fellow-nursling Maura says in the well-known ear (i.e., Tullia's), when she's passing the old altar of Pudicitia." (The problem with this is that it posits an elision of unusual shape and placement; there are only two other elisions in the fifth foot in *Satire* 6, at 408 and 655, both involving *-que*, neither with this shape. See Courtney, p. 52. This problem might be solved by transposing *dicat* and *nota collactea*.) But in any case the order 306-307-308 without emendation gives us three women, one named Tullia and two named Maura, and I simply do not see how they can be accounted for. The order 306-308-307 does not entirely eliminate a second Maura. Courtney suggests 307 be dropped, which leaves one woman—then what about *ponunt* (309)? He believes the subject of *ponunt* to be some other women; this seems impossible, considering 309-312.

309 **lecticas:** "litters"; legitimately used only by upper-class women of good moral standing.
micturiunt: apparently a coinage of Juvenal's: "like to piss"; the desiderative suffix *-urio* signifies preferred or desired action (the simplex of the verb is *mingo*, "piss").
hic: "here."

310 **siphonibus** < *sipho*, "siphon, spray"; an image more appropriate to male than to female urination.

311 This line is usually taken to refer to lesbian intercourse.
in ... uices: "in turn."
equitant: The image of one partner as horse and one as rider is a common one.
mouentur: here perhaps = "reach orgasm."

312 **domos:** accusative of place to which.
tu: The interlocutor of the poem (the would-be husband), merged with the audience, suddenly reappears.
calcas < *calco*, "tread."

313 **magnos uisurus amicos:** Juvenal places the husband in the ignominious circumstances of the poor *cliens* (compare *Satires* 1.95-126, 3, and 5) who must attend his *patronus* at great inconvenience to himself. *uisurus* < *uiso*, "visit."

314 **nota ... secreta:** Understand *sunt*; *secreta* is subject.
bonae ... deae: The "Good Goddess" was a major figure of worship for Roman matrons; the services were held at the house of the *pontifex maximus* and presided over by his wife, and all men were strictly

prohibited from the house while they went on—as attested here (340-41), even images and pictures of male creatures had to be veiled.
tibia: nominative; "flute."

315 **feruntur:** The subject is *maenades* (317).

316f This description tallies with other accounts of the behavior of bacchants; references to wild hair and ululations are standard.
rotant: "swing."
ululant < *ululo*, "howl, wail."
Priapi: genitive. Priapus was the ithyphallic god whose statues protected gardens. Normally, maenads serve Dionysos; these worshipers serve a more explicitly sexual god (who, in some accounts, was Dionysos' son).

318 **concubitus:** genitive singular.
quantus: modifies *torrens* (319).

319 **meri:** "of unwatered wine" (see on 159).
madentia: implies their legs are already wet, presumably from sweat; also often used of drunkenness. Translate "sodden."

320 **lenonum ancillas:** i.e., prostitutes.
posita ... corona: *Pono* here = either "take off" or "wager."
Saufeia: a gentile name (aristocratic).

321 **prouocat** < *prouoco*, "challenge."
coxae < *coxa*, "hip"; *pendeo* here must mean "swing" or "sway."

322 **ipsa:** i.e., Saufeia, in turn.
Medullinae: a cognomen in several Roman *gentes* (aristocratic).
crisantis < *criso*, "shimmy" or "bump and grind."

323 **palma:** the sign of victory.
dominas: Saufeia and Medullina.
natalibus < *natales*, "lineage, pedigree."

325 **incendi** < *incendo*, "set on fire"; complementary infinitive after *possit* (326).

325f **frigidus ... Laomedontiades:** i.e., Priam ("son of Laomedon"); he and Nestor serve as proverbial old men in statements of this kind.
Nestoris hirnea: i.e., Nestor, an (obscene) epic periphrasis; *hirnea*, "scrotal hernia," used *pars pro toto* for the genitalia of an old man.
possit: subjunctive in a relative clause of characteristic; singular to agree in number with the nearest of its two subjects (*Laomedontiades* and *hirnea*).

327 **prurigo:** "itch of lust."

327f Understand *est ... est ... est.*

328 **antro** < *antrum*, literally "cave, grotto"; here perhaps with religious significance, "apse, vault."

329 A travesty of a religious ceremony. Normally, the area of a ritual was cleared of all who might taint it. Here, where all male creatures should be barred (339), the women chant that it is *fas* ("rightful") to "let in the men."

329f dormitat ... iubet: implied simple present condition, with *dormitat* as protasis. But the whole series of conditions in 329-33 is future more vivid in force.

330 cucullo: See on 118.

331 incurritur: impersonal; translate, "they run to, rush upon"; + dative.
abstuleris: future perfect in the protasis of an implied future more vivid condition, whose apodosis is the clause *uenit ... aquarius*; cf. 329-30.

332 conductus < *conduco*, "hire"; crowns the insult.
aquarius: "water carrier," a menial slave; also a part-time pimp, see Courtney ad loc.

333 per ipsam: "on her part."

333f mora nulla (est) ... quo minus ... summittat: *quo minus* introduces a clause of hindering (*AG* 558b); i.e., "there is no delay before she places ... under ..."
clunem < *clunis*, "buttocks."
asello < *asellus*, "young ass" [donkey]. Note descending climax in the series from 329-34.

335 utinam: "would that ..."; introduces the subjunctive in *agerentur* (336) (optative subjunctive); the imperfect tense indicates that the wish is contrary to present fact (*AG* 441).
saltem: (adverb) "at least."

336 his ... malis: ablative of means, depending on *intacta*.
agerentur: subjects are *ritus* (335) and *sacra*.

336-45 Juvenal refers to the scandal of 62 B.C., when Clodius, dressed as a woman, attended the rites of Bona Dea (being held at the house of Julius Caesar, *pontifex maximus*); people suspected a rendezvous between Clodius and Caesar's wife Pompeia. This led to divorce and Caesar's famous comment that his wife should be above suspicion.

337 nouerunt < *nosco*, "learn"; in the perfect, "know."
Mauri ... Indi: named as the remotest possible people.
quae ... intulerit (340): indirect question.
psaltria: "female guitar player," i.e., Clodius. Cicero's rhetorical field-days at the expense of Clodius' transvestite escapade made the episode luridly infamous.

338 Anticatones: The *Anticato* ("Attack on Cato") was a book written by Caesar, presumably a long one; since books were usually published in rolls, a double *Anticato* would be a very thick cylinder.

339 illuc: "thither, to that place"; picked up by *unde*, "whence."
testiculi < *testiculum*, "testicle."
mus: "mouse"; here a he-mouse.

340 uelari < *uelo*, "veil."

341 quaecumque: nominative; "whichever."
sexus: genitive.
imitata [sc. *est*] < *imitor*.

342 The emphasis is on *tunc*, "then"—in the late Republic.

343f **simpuuium ... catinum ... patellas:** objects of *ridere*; all were appurtenances of religious rites. *simpuuium:* "pouring bowl." *catinum:* "dish."

Numae: the second of the seven kings of pre-Republican Rome, and the one credited with establishing much of Roman religious ritual.

344 **Vaticano ... de monte:** where makers of cheap pottery were to be found.

patellas < *patella*, "saucer, plate."

345 **ausus erat:** See on 117.

ad quas non ... : Understand *est.*

346-48 These lines are similar to *O*.30-34 below (see p. 5 on the Oxford fragment). Presumably when the rest of the Oxford fragment fell out of the text these lines stayed in and were then moved, with alterations, to their present place, because they would not fit well after 365. Accepting the Oxford fragment means bracketing these lines.

346 **quid ... moneatis:** indirect question.

347 **seram** < *sera*, "door-bolt."

cohibe: Understand *eam* as object.

347f **sed quis ... custodes?:** a famous *sententia.*

348 **ab illis incipit:** We would say "she begins with them"; i.e., she seduces them, too, and so evades the protection the husband thought to provide.

349 **summis ... minimis:** here designate social classes; dative of possession (understand *est*).

350f Juvenal vivifies *summis* and *minimis* by picturing two women, one carried on a litter while the other walks the streets.

350 **nec melior:** Understand *est.*

silicem < *silex*, "flint," i.e., "cobblestones."

351 **quam quae:** Understand *ea* as antecedent of *quae.*

Syrorum: Syrian slaves, suggesting oriental luxury.

352-65 Women rent extravagant fittings with which to attend the games.

352 **spectet:** subjunctive in a purpose clause.

conducit: See on 332.

Ogulnia: aristocratic name.

353 **sellam:** "chair," perhaps here "sedan chair."

ceruical: "headrest" (neuter).

354 **nutricem** < *nutrix*, "nurse," here a chaperone.

flauam ... puellam: See on 120.

det: subjunctive in a relative clause of purpose.

355 **haec:** refers to Ogulnia; subject of *donat* (356).

argenti: partitive genitive, depending on *quodcumque*; modified by *paterni.* This is her patrimony, the squandering of which the Romans considered particularly disgraceful.

356 **leuibus** < *leuis*, "smooth," lacking beard and body hair, i.e., youthful.

et: "along with."

nouissima: here, as often, "last."

357 **multis:** dative plural, feminine.

res angusta domi: a famous tag; also at 3.165. *res angusta*: "limited means." *domi*: locative.
nulla: subject of *habet* (358).
358 **metitur** < *metior*, "measure."
358-59 **illum ... modum:** "that limit."
359 **haec:** refers to *paupertatis* (358); subject of *dedit* and *posuit*.
360 **uiri:** as opposed to women.
361 **formica ... magistra:** ablative absolute.
formica: "ant" (proverbially industrious).
expauere = *expauerunt* < *expauesco*, "tremble at" (i.e., "worry in the face of").
362 **pereuntem** < *pereo*, here "dwindling."
censum: "wealth."
363 **recidiuus:** "returning"; modifies *nummus* (364).
pullulet ... tollatur (364): subjunctive in a conditional clause of comparison (*AG* 524); *pullulet*, "sprout, reproduce."
arca: "strongbox."
364 **aceruo** < *aceruus*, "heap."
365 **quanti:** genitive of indefinite value (*AG* 417).
sibi ... constent: "cost (them)."
O.1-34 This section, known as the "Oxford fragment" was discovered in 1899 in a minor manuscript of Juvenal in the Bodleian library at Oxford by E.O. Winstedt. Its authenticity has since been much discussed, partly because of the subject matter and partly because of difficult syntax and Grecising vocabulary. I believe it is authentic, mostly because the sexual attitudes jibe so well with with those of *Satires* 2 and 6 and because of the forcefulness of the phrasing. The idea that women keep effeminate hangers-on as confidants (and perhaps lovers) echoes a theme of Martial's (5.61, 12.38), and is the kind of extravagant claim Roman satirists like to make. For discussion of authenticity, see J.G. Griffith, "The Survival of the Longer of the So-Called 'Oxford' Fragments of Juvenal's Sixth Satire," *Hermes* 91 (1963) 104-14.
O.1 **quacumque:** modifies *domo* (f.).
O.1f **professus obscenum:** "a self-professed pervert"; apparently an effeminate male dancer/prostitute (*cinaedus*), in fact not an impossible inmate of a household, allowing for Juvenal's exaggeration: a rich woman might keep a troop of pantomine dancers (Pliny, *Ep*.7.24), and cf. 60-81 above.
O.2 **tremula ... dextra:** ablative of manner (or means?); an effeminate gesture, cf. below, *O*.24.
O.3 **omnis:** either "everyone" or "all the women," who will be the subject of *permittunt* in *O*.5.
cinaedis: See on *O*.1-*O*.2; the term was highly derogatory.
O.4 **his:** dative after *permittunt* (*O*.5).
uiolare ... mensae: This refers to the *os impurum* (see on 49); *cinaedi* would be suspected of fellating men, and the *os impurum* is said

by Martial to contaminate food and dishes. Martial also connects *cinaedi* with cunnilingus several times.

O.5 **permittunt:** The subject is "women" or "wives."
frangenda: gerundive, with a stong obligatory force: "that ought to be broken," rather than washed or reused.

O.6 **colocyntha:** nominative; literally, "gourd"; here apparently "one who practices oral sex" (cf. Courtney ad loc.); translate "sucker."
barbata: a sort of oxymoron with *chelidon*—"bearded," hence male or putting on a show of hirsute masculinity, cf. Juv. 2.11-12. Translate "stubble-jawed pussy."
chelidon: (nominative), "swallow" (i.e., the bird); here = obscene slang for "female genitalia," referring to the *cinaedus'* mouth as receiver of male genitalia.

O.7-13 Now begins an extremely corrupt parenthesis, in which the home filled with *cinaedi* is contrasted unfavorably with the gladiators' barracks. On gladiators' status, see on 81.

O.7 **laribus:** The *lares* were the household gods, often by synecdoche = "home."
melior: Understand *est*.
lanista: compressed, for *lares lanistae*; < *lanista*, "trainer of gladiators"; see on 216-18.

O.9 **psyllus:** subject of *iubetur* (*O*.8). *Psyllus* must be a term for a passively homosexual male; it normally means "flea." The manuscript has *psillus* (meaningless); Housman's conjecture of *psellus* ("lisping") is far better than *psyllus* (such men are elsewhere said to lisp), but neither is likely to be right.
eupholio: must be a term for a heterosexual male; the word as it stands is unknown, hence the daggers. The conjecture *euhoplo* ("well-armed," i.e., "well-hung") sets up a contrast not assumed in antiquity and undercut within the *O* fragment itself, while Housman's *euphono* focuses too narrowly on the dubious *psellus*.
quid quod: See on 45.
retia: "the nets" (nominative plural); *retiarii* ("net-men") were gladiators who fought with net and trident.

O.9f **turpi ... tunicae:** Another sort of gladiator, the *retiarius tunicatus*, wore a *tunica* ("undershirt"). This was either a mark of his class, showing him to be a citizen degraded enough to fight as a gladiator, or of his sexual status—that he was passively homosexual, like a *cinaedus*. If the tunic marked class, *O*.9-13 is a parenthesis within a parenthesis, and pretty tangential. *Satire* 2.143 may tip the balance towards understanding a sexual point to the remark here.

O.10 **ponit:** The subject is *qui ... solet* (*O*.12).

O.11 **munimenta umeri:** The *retiarius* fought naked except for a shoulder-guard.
pulsatamque arma: unintelligible; the words between the *obeli* presumably modify *tridentem*.

O.12 **ludi** < *ludus*, "gladiatorial school."

O.13 has animas: i.e., the effeminates.
aliusque: modifies *neruos* (see note below).
carcere < *carcer*, "prison", part of the barracks.
neruos: nominative singular; "thong," i.e., "fetter"; even when the men are chained in place, the effeminates are chained separately.

For extensive background to these lines, see J. Colin, "Juvénal, les baladins et les rétiaires d'après le manuscrit d'Oxford," *Atti della Accademia delle Scienze di Torino* 87 (1952-53) 315-85.

O.14 Back to the benighted husband.
tibi ... illis: depend on *communem*.
calicem < *calix*, "cup."
O.15 Albanum Surrentinumque: Types of wine.
recuset: The subject is *lupa* (*O*.16); subjunctive in a relative clause of characteristic.
O.16 flaua: See on 120.
ruinosi ... sepulchri: The cheapest prostitutes supposedly plied their trade among the tombs that lined the roads out of the city.
lupa: See on 123.
O.17 horum: the live-in effeminates.
nubunt: The subject is "women."
O.18 seruant: A verb meaning "come to grips with" or "reveal" is needed; *soluunt*, *releuant*, and *reserant* have been suggested.
seria: neuter accusative plural, used as a substantive.
O.19 his ... magistris: ablative absolute.
latus: "flank(s)," or "hip(s)."
O.20 praeterea: (adverb) "besides."
qui docet: subject of *scit*; i.e., the *cinaedus*.
O.20f illi habenda fides: passive periphrastic. *fides*: here, "credence"; i.e., "you can't always go by such a man's appearance." *illi*: dative after *fides*.
oculos fuligine pascit: a poetic way of saying "puts on mascara"; cf. 2.93-95. The subject is *adulter* (*O*.22).
fuligine < *fuligo*, "soot."
O.22 croceis < *croceus*, "saffron-colored"; here for a saffron robe (*crocota*). The wearing of certain colors was thought effeminate; cf. 2.96.
reticulatus: "wearing a hairnet"; cf. 2.96.
adulter: a surprise; all the information Juvenal has given about the subject of the sentence makes him seem totally effeminate. *Adulter* explains the vague warning of *O*.20-21—the "effeminate" is in fact carrying on with the wife. For the idea, cf. on 63; for the structure of the line, cf. on 278.
O.23 sit: hortatory subjunctive.
0.23f quanto ... mollior et quo ... saepius: "the softer ... and the more often ..."; *quanto* and *quo* are ablatives of degree of difference.
O.24 dextera: variant of *dextra*. The gesture seems to be hand on hip.
O.26 personam < *persona*, "mask."

Thais: Thais was a famous courtesan of Athens; here she seems to be a role danced by the *cinaedus* (probably figuratively, i.e., he plays Thais in everyday life). For the construction, cf. 63.

Triphallo: the same sort of postponed surprise as in *O*.22; *triphallus*, "thrice-phallused," was an epithet of Priapus.

O.27-29 Juvenal, impersonating the husband, breaks into a speech addressing the *cinaedus* who is cuckolding him and challenging him to swear in court that he is not in fact an adulterer.

O.27 aliis hunc mimum: "(Put on) this farce for others!" i.e., "you don't fool me."

sponsio: a formal legal wager (guarantee).

fiat: hortatory subjunctive.

O.28 contendo: The wording follows the legal formula.

O.29 ancillas: It was customary legal procedure to question slave witnesses by torture.

tortoris < *tortor*, "torturer."

pergula: "shop," here probably "workshop."

noui < *nosco*.

O.30-34 See on 346-348.

O.33 hac mercede: i.e., by her sexual favors.

commune: because now they as well as the wife have breached the trust put in them.

O.34 prudens: modifies *uxor*.

366-78 Some women like eunuchs.

366 sunt quas: "There are (those) whom ..."

inbelles: "unwarlike"; eunuchs, and other effeminate men, are often characterized as lacking in the warrior virtues.

semper: Construe closely with *mollia*; because they will never grow a beard (as in 367).

368 quod: "the fact that."

abortiuo: "abortifacient."

est opus: (idiom) "there is need for"; + ablative of thing needed. Eunuchs castrated after puberty (cf. 368-370) were capable of erection and intercourse.

369 quom: archaic spelling of *cum*.

iam calida ... iuuenta: ablative absolute.

370 medicis: Presumably a slave owner making a eunuch would have the operation performed by a doctor.

pectine nigro: ablative absolute. *pectine* < *pecten*, "comb," here "pubic hair."

371-76 Juvenal here contrasts the "homemade" eunuch, castrated after puberty, with the eunuch made by a too-greedy dealer, too soon.

371 expectatos ac iussos: modify *testiculos* (372).

372 testiculos: object of *rapit* (373).

bilibres: "two-pounders."

373 tonsoris tantum: "only of the barber"; this eunuch will never grow a beard, but has lost nothing in other respects.

damno: here "loss"; ablative of price.

Heliodorus: type-name for a doctor; cf. 236.

373A-B These lines are found only in the manuscript that includes the Oxford fragment.

373A **mangonum** < *mango*, "dealer."

373B **follis ... ciceris:** obviously slang for the remaining (*relicti*) part of the anatomy, but not paralleled in Latin. *Follis* (which means "leather bag" or "bellows") must be "scrotum" (without testicles), and *cicer* ("chickpea") must be "penis," on the analogy of the Greek *erebinthos* ("chickpea"), which has that meaning. See Adams s.v.

pudet: impersonal verb, "it shames," usually + accusative of person shamed and also + genitive of thing ashamed of; here the accusative is understood to be the *pueros* of 373A.

374 Back to the homemade eunuch.

intrat: The subject is *spado* (376); again, a surprise postponed.

375 **balnea:** < *balneum*, "bath." Ogling of male genitalia in the baths is the subject of remark in other authors.

custodem uitis et horti: Priapus; see on 316-17. *uitis* < *uitis*, "vine."

376 **a domina factus:** Construe closely with *spado*; translate as a relative clause.

spado: "eunuch."

dormiat: hortatory subjunctive.

377f Juvenal ends the section with a twist; the eunuch is welcome to service the wife but is not to be trusted with the husband's slave boy, evidently because he is so heavily endowed and would injure even an older boy.

377 **tu:** The verb is *noli* (378).

durum: a sign of sexual maturity; modifies *Bromium* (378).

Postume: Juvenal's addressee, last mentioned by name at 28.

378 **tondendum:** gerundive, from *tondo*, "shear." Erotic poetry attests that pretty slave boys had their long locks cut when they had fully passed puberty; the time just before the haircut was felt to be their peak.

Bromium: epithet of Dionysos; here a type-name for a slave boy as beautiful as the young god.

379-97 Some women adore musicians, and even pray for them.

379 **nullius:** modifies *uendentis* (380).

fibula: See on 73-74.

durat < *duro*, here "withstand"; understand *eam* as object.

380 **uocem:** object of *uendentis*; i.e., he contracts to sing at the games, run by the praetors (see Courtney on 8.194).

organa < *organum*, "musical instrument."

381 **in manibus:** Understand *eius*, "of this woman."

testudine < *testudo*, "tortoise-shell," here "lyre"; local ablative.

382 **sardonyches** < *sardonyx*; these gems are imagined to be on rings on the woman's fingers.

crispo: usually "curling," here "quivering."

pectine: here *pecten* = "pick."

chordae < *chorda*, "string."

383 **quo:** The antecedent is *pectine*; i.e., the woman keeps his pick to use, as a souvenir.

Hedymeles: nominative; here a type-name for a musician; it means "sweet-song."

operas dedit: idiom: *operam dare* = "to take pains, to work hard."

hunc: the pick.

384 **plectro** < *plectrum*, "pick."

385 **Lamiarum ... Appi:** the Aelii Lamiae and the family of Appius (Claudius) were among the crème de la crème of the Roman aristocracy.

386 **farre** < *far*, "spelt," the grain used in sacrifices.

Ianum Vestamque: Ancient sources attest that all sacrifices begin with Janus (god of beginnings) and end with Vesta (goddess of eternal things); cf. Friedländer and Courtney ad loc.

387 **Capitolinam ... quercum:** "Capitoline oak," i.e., oak garland, a prize at the Capitoline literary contest.

Pollio: a good Roman name, here the woman's beloved musician.

388 **fidibus** < *fides*, (pl.), "lyre."

faceret: subjunctive in a contrary-to-fact condition, the protasis of which is supplied by the ablative absolutes in 389.

389 **erga:** (preposition) "towards, regarding."

390 **filiolum** = *filius* + *olus* (diminutive).

stetit: The subject is "she."

391 **cithara:** "lyre."

uelare caput: proper at a sacrifice.

dictata < *dicto*, "pronounce." The woman repeats after the priest.

392 **aperta ... agna:** ablative absolute. She is seeking to learn the future from an *haruspex* (a seer who divined the future from the entrails of sacrificial animals; cf. 397). *agna:* "ewe lamb."

393 **quaeso:** "please."

diuom: genitive plural; archaic for *diuum* = *diuorum*; see on 115.

394 **Iane pater:** Janus, as god of beginnings, is sometimes called *antiquissime diuom* (sources in Courtney).

395 **quod uideo:** translate *quod* "as far as."

agatur: subjunctive in a relative clause of characteristic.

397 **uaricosus:** "varicose-veined" (from standing up so long).

398-412 Some women act like men: they like to run around the city poking their noses into current events.

398 **cantet:** hortatory subjunctive.

potius quam: "rather than."

399 **audax:** parallel with *quae* and its clause, and linked to *quae* by *et*.

Word order: *et quae possit ferre coetus uirorum ... -que ... ipsa loqui* (401).

400 **paludatis:** "wearing the *paludamentum* (military cloak)."

ducibus < *dux*, here with its military sense, "general."

401 **recta facie siccisque mamillis:** ablatives of manner. *mamillis* < *mamilla*, "tit"; *siccis*, because she has no child.

402 **fiat ... agant** (403) ... **amet** (404) ... **diripiatur** (404) ... **fecerit** (405) ... **concumbat** (406): subjunctives in indirect question.

403 **Seres:** the Chinese.

nouercae < *nouerca*, "stepmother."

404 **pueri:** here = "(step)son."

diripiatur < *diripio*, "tear apart." Adulterers caught *in flagrante delicto* could by custom be made to suffer any of several brutal physical punishments.

405 **uiduam:** See on 141.

406 **modis:** Here *modus* = "position," as sometimes elsewhere.

407 **instantem** < *insto*, "impend, hand over," + dative.

Armenio Parthoque: During the first century A.D. the Romans held Armenia as a protectorate—which the Parthians were perpetually detaching.

cometen: accusative singular (Greek form) < *cometes*, "comet"; always taken as important omens in antiquity. For comets in connection with Armenia and Parthia, see Courtney ad loc.

408 **prima:** modifies the subject of *uidet*, "she." *Primus/prima* + a verb = English "s/he is the first to ..."

recentis: accusative plural.

409 **portas:** here "city gates."

quosdam: Understand *rumores*.

409-11 **isse ... teneri ... nutare ... subsidere:** in indirect statement after *narrat* (412); *isse* = perfect active infinitive < *eo*.

409 **Niphaten:** accusative singular (Greek form); a river in Armenia.

410f Floods and earthquakes are often mentioned by Roman historians, not only as news but as portents of war.

412 **triuio** < *triuium*, "crossroads."

est obuia < *obuius esse*, "meet"; + dative.

413-33 More women who act like men: these abuse the neighbors, work out, and get drunk at dinner.

413 **quod:** "that."

414 **rapere et concidere:** depend on *solet* (415).

loris < *lorum*, "strap."

415 **exortata:** This is obelized because (1) if it = *exhortata* ("egging on"), it has no object, and (2) if it = *exorata* ("when begged for mercy"), it needs a word for "even if." But surely it is to be taken as *exhortata* and the missing object is the slaves who are, we assume, performing the action of *rapere* and *concidere*. The woman would not do the beating herself, but have her slaves do it (cf. 417, 481-84); so 414-415 = "she likes to (have her men) grab the poor neighbors and beat them with straps, while she cheers (the men on)."

latratibus < *latratus*, "barking" (of the neighbors' dog).

416 **fustes** <*fustis*, "club"; object of *adferte* (417).

417 **illis:** ablative of means; refers to *fustes*.

feriri <*ferio*, "strike."

418 **occursu:** supine < *occurro*, "meet, run into."

uultu: ablative of respect.

419 **conchas:** here must be "basins"; cf. 304. The zeugma with *castra* seems remarkable.

castra moueri: military term, "shift camp"; figurative for her disruptive activities. Like the previous woman, she makes herself unpleasant by adopting male behavior.

420 **sudare** < *sudo*, "sweat."

421 **lassata:** modifies *bracchia*.

graui ... massa: "by a heavy weight"; she has been weightlifting.

422 **callidus:** modifies *aliptes*, "masseur."

cristae: dative; obviously used to denote a part of the woman's anatomy, but this use of the word is not paralleled in Latin. *Crista* means "cock's comb," and must here mean "labia."

423 **summum:** modifies *femur*.

424 **conuiuae:** "fellow guests"; masculine.

somnoque fameque: They are waiting for her, to begin dinner.

425 **rubicundula:** diminutive < *rubicundus*, "rosy."

426 **oenophorum:** "large wine-vessel"; accusative.

sitiens < *sitio*, "thirst for."

urna: unit of liquid measure, about three gallons.

427 **admotum pedibus:** "placed at her toes."

sextarius: "pint."

428 **ducitur:** here "is drain, quaffed."

orexim < *orexis*, "hunger"; accusative.

429 **redit:** The subject is *sextarius*. The woman takes wine on an empty stomach so that she will vomit, thus gaining an even better appetite. For vomiting at Roman meals, cf. Courtney on 425; it was a mark of debauched gluttony.

loto ... intestino: ablative absolute. *loto* < *lauo*.

430 **marmoribus:** the floor.

riui < *riuus*, "stream."

aurata: modifies *peluis*, "basin" (431).

Falernum: See on 150, 303.

431 **olet** < *oleo*, "smell of."

431f An especially unpleasant simile. Pliny says snakes love wine (*HN* 10.198, 22.106), and we have late evidence (Gregory of Tours, *History of the Franks* 4.9) of a folk tale of a snake who got into a wine jar and drank so much he swelled up and had to vomit in order to get out again. But the comparison seems odd; perhaps *tamquam ... serpens* should be bracketed.

alta: here "deep."

dolia < *dolium*, "keg."

433 **opertis** < *operio*, "close."

434-56 Some women go in for literary criticism.

434 **discumbere:** "to recline" (at dinner); a link to the previous passage.

435 **periturae** < *pereo*, "perish."

Elissae: alternate name for Dido, the heroine of Vergil *Aeneid* 4, who kills herself; dative after *ignoscit.*

436 **committit:** "sets against each other."

Maronem < *Maro*, Vergil's cognomen.

437 **alia parte:** balances *inde* (436).

trutina: "balance, scales"; ablative.

438 **grammatici:** A *grammaticus* was a professor of literature.

rhetores: A *rhetor* was a professor of oratory.

439 **causidicus:** "cheap lawyer."

praeco: "auctioneer"; regarded as a low occupation.

440 **altera ... mulier:** i.e., than the one speaking. Note the reverse climax.

441 **tintinnabula:** "bells"; nominative plural.

dicas: subjunctive in a result clause.

442 **pulsari** < *pulso*, "beat."

442f Juvenal refers to the custom of beating on pots and pans and blowing horns to frighten away an eclipse of the moon. *aera* < *aes.*

444 **sapiens:** "the wise man," i.e., philosophers in general.

et: "even." Literary criticism is fine, but (as this woman proves) there can be too much of a good thing.

445 Word order: *nam quae cupit uideri nimis docta et facunda ...*

446 **tenus:** "as far as," + ablative; postpositive. The dress of a *matrona* properly reached her toes.

debet: The subject is *[ea] quae ...* (445).

447 **caedere:** See on 48.

Siluano: Silvanus was a minor forest god.

quadrante: The *quadrans* was the smallest coin; ablative of price. Women were charged more at the baths. All three activities listed in 446-47 are proper to men.

448 **habeat:** hortatory subjunctive.

449 **dicendi genus:** rhetorical technical term; the *genera dicendi* were levels of diction, from the informal to the elevated.

449f **curuum ... enthymema:** "twisting syllogism"; accusative. An *enthymeme* (rhetorical technical term) was a type of argument. *Curuum, rotato* ("brandished"), and *torqueat* ("hurl") are used figuratively, to suggest the belligerence of the woman's stance as orator.

451 **sed ... intellegat:** contrasted with *sciat omnes* (450).

quaedam: "some things"; object of *intellegat.*

452 **Palaemonis:** Remmius Palaemon was a noted *grammaticus* of the reigns of Tiberius and Claudius.

454 **mihi:** Construe closely with *ignotos.*

antiquaria: modifies *quae* (452); "as a female connoisseur of archaic literature."

455 **curanda:** gerundive; second object of *tenet.*

opicae < *opicus*, "boorish."

castiget: hortatory subjunctive.

456 **soloecismum:** "grammatical error"; accusative.

liceat < *licet* (impersonal), "it is permitted" + dative; hortatory subjunctive.

457-73 Wealthy women befoul themselves with cosmetics.

458 uiridis: "green"; modifies *gemmas*.
collo < *collum*, "neck."

459 extentis: because the earrings weigh them down so.
elenchos: "earrings."

460 This line may well be a marginal explanation which has been incorporated in the text; it is flat, obvious, a complete sentence in one line, and gives a superficial and unthinking summary of the passage. All the women in this satire are rich, this one is being criticized for fussy dressing and makeup.

461 foeda ... ridenda: modify *facies* (462).
aspectu < *aspicio*, "look at"; supine after *foeda*.
ridenda: gerundive.

462 pane: Cf. 2.107 and Suet. *Otho* 12, where the use of such a facial mask is attributed to the emperor Otho as effeminate.
Poppaeana: apparently a cosmetic, presumably named after Poppaea Sabina, Nero's wife; accusative plural.

463 spirat: "exudes."
labra: subject of *uiscantur* < *uisco*, "smear."

464 lota ... cute: ablative absolute; for *lota*, see on 429.

465 formonsa: See on 162.
foliata: oil made of spikenard leaves; nominative plural.

466 his: refers to *moechis* (465).
emitur: The subject is the clause *quidquid ... Indi*.
Indi: subject of *mittitis*. The Romans imported aromatic essences from Arabia and India.

467f An elaborate way of saying, "Finally she takes off her facial mask."

467 tectoria: literally, "stucco"; *prima*, "first layer."

468 lacte < *lac*, "milk." Juvenal refers to the taking of baths in asses' milk, a fashion begun by the empress Poppaea.

469 educit: apodosis after the protasis *si dimittatur* (470), hence the emendations to *educet* and *educat*. But compare *[si] abstuleris ... venit* (331-32).
asellas < *asella*, "she-ass"; in apposition with *comites*.

470 exul: in apposition with "she," the subject of *dimittatur*.
Hyperboreum ... axem: "Hyperborean pole." The Hyperboreans were a mythical people living far to the north (from *hyper-*, "beyond," + *Boreas*, the north wind).

471 quae: derives its gender from *facies* (473), but has a more general sense: "that which"; subject of *inducitur* (471), *fouetur* (471), and *accipit* (473).
mutatis: modifies *medicaminibus* (472).
inducitur < *induco*, here "bedaub."

472 coctae < *coquo*, "cook."
siliginis < *siligo*, "fine flour."
offas < *offa*, "tidbit."

473 madidae: modifies *siliginis* (472).
ulcus: "sore"; these ointments were also suitable for treating wounds.

474-507 A typical woman's day of lolling about, abusing the slaves, and primping for her lover.

474 pretium curae: literally, "the reward of care"; i.e., "worthwhile."
penitus: (adverb) "through and through" or "entirely."
toto: modifies *die* (475).

475 faciant agitentque: subjunctives in indirect question.

476 libraria: the slave who measured out the wool for the day's spinning; nominative.

476f ponunt ... tunicas: "take off their undershirts" for a whipping.

477 cosmetae: slaves who took care of the mistress' jewelry.
Liburnus: "the Liburnian," clearly a specialized slave of some sort, perhaps a litter-bearer or courier (compare the modern usage of "Kleenex" for "tissue," "Xerox" for "copy").

478 poenas ... pendere: "to pay the penalty."
alieni: i.e., the husband's.

479 frangit: by being beaten with them.
ferulas <*ferula*, "stick."
flagello < *flagellum*, "whip."

480 scutica: "small whip, crop"; causal ablative, parallel with *flagello*.
sunt quae: "there are women who ..."
annua < *annum*, "annuity, pension."
praestent: subjunctive in a relative clause of characteristic.

481 uerberat ... et caedit (483), **... et caedit** (484)**:** a notable anaphora (varied); emphasizes the woman's callousness. She is the syntactical subject of *uerberat*, but is having the beating done by other slaves (484).
obiter: "meanwhile, by the way."
linit < *lino*, "smear."

482 pictae <*pingo*, here (and commonly) "embroider."

483 transuersa: probably "headings" or "listings."
diurni < *diurnum*, "account-book"; see Courtney's discussion.

484 exi: imperative < *exeo*; here functions as a noun. It is the object of *intonet* (485) and is modified by *horrendum* (485).

485 cognitione < *cognitio*, "trial" (legal technical term).

486 praefectura: "governance."
domus: genitive.
Sicula ... aula: ablative of comparison. *aula* = "hall," i.e., "court." Sicilian tyrants were proverbially cruel; see 614C below on Phalaris.

487 constituit < *constituo*, here "make an assignation."
solito: ablative of comparison with *decentius*; "than that (having been) customary," i.e., "than usual."

489 Isiacae ... lenae: "of the Isian bawd"—a periphrasis for Isis (or her priestess), who is blasphemously made here to be the madam of a brothel, from the reputation of her temple as a spot for assignations; cf. 9.22.
sacraria: "shrine"; accusative plural.

490f The woman's haste (487-89) makes it risky for her hairdresser to slip up.

490 **disponit:** The subject is *Psecas* (491).

491 **umeros:** accusative of respect with *nuda.*

Psecas: here the name of a slave girl; it means "drizzle" in Greek.

nudis ... mamillis: ablative absolute. Psecas is half-naked to expedite her inevitable beating.

492 **quare:** "why." Understand *est.*

cincinnus: "curl."

taurea: "bullwhip."

493 **continuo:** (adverb) "at once."

494 **admisit** < *admitto*, "commit."

quaenam = *quae* + *nam*, "for, what ..."

hic: "here."

puellae: here "slave girl."

495 **altera:** "another (slave girl)."

laeuum < *laeuus*, "left"; here a substantive, "the left side."

497 **in consilio:** Juvenal continues his analogy between the woman and a ruler, imagining the scene as a high state council and using a good deal of military and political terminology. He begins with the elder stateswoman, a maid once belonging to the woman's mother, now retired from hairdressing and set to work on spinning wool, but still acting as consultant.

materna: Understand *ancilla.*

admota: "moved over to ..."

498 **emerita quae cessat acu:** "who is retired insofar as her hairpin has completed its tour of duty."

500 **censebunt:** usually used for the giving of opinions in the senate.

famae: "reputation"; bitterly sarcastic.

502 **tot:** modifies *ordinibus.*

premit: *Caput* (503) is understood as object.

conpagibus < *conpages*, "fastenings."

502f **altum ... caput:** Roman women in Juvenal's youth, as statuary attests, did wear elaborately piled-up hairstyles, high in front and low behind. The style continued in less extreme form at least through the reign of Trajan, when this poem was probably published; Trajan's wife Plotina looks on her coins as if a seam divides the jutting front of her head from the back.

503 **Andromachen:** accusative singular, Greek form. Andromache, wife of Hector, epitomized the tall, stately, noble lady.

504 **post:** "(from) behind."

credas: potential subjunctive.

cedo si: "What about when ..." *Cedo* (short *e*) is an old imperative form used in conversation, roughly equivalent to "well ...?" or "suppose ..." or "come on ..."

504f **breue ... spatium:** "short stature."

505 **sortita est** < *sortior*, "have fall to one's lot."

506 **uirgine Pygmaea:** The Pygmies were proverbial in antiquity for their diminutive size; ablative of comparison.

adiuta: "aided"; modifies [she], the subject of *sortita est.*
coturnis < *coturnus*, the boot worn by tragic actors, which had a platform sole.

507 **leuis** < *leuis*, "light."
erecta ... planta: ablative absolute. For *planta*, see on 96.

508-11 A brief generalization on the wife's disregard for her husband.

510 **hoc solo:** ablative of respect.
quod: "that"; antecedent is *hoc solo*.

510f **quod ... seruos:** repeats, more concisely, the theme of 209-23.

511 **rationibus:** here "accounts."

511-91 A new section beginning with an extremely abrupt transition: women frequent religious quacks of all sorts.

511-41 The cults of the East: Bellona, Magna Mater, Isis.

511 **ecce:** "Behold, ..."

511f **furentis Bellonae:** Bellona was the old Roman war goddess, whose worship became mixed (as here) with that of the eastern mother-goddesses. See Courtney on Juvenal 4.123-24.
deum = *deorum*; *mater deum* = Cybele.

513 **semiuir:** literally, "half-man," i.e., "eunuch"; Cybele's priests were self-castrated.
obsceno ... minori: i.e., "by a junior priest." *Obscenus* is here a substantive: "lewd person," denoting the castrated (hence effeminate) priest. Dative of agent with the gerundive.
facies: in apposition with *semiuir*.
reuerenda: gerundive.

514 **qui:** The antecedent is *semiuir* (513).
rapta ... testa: At 2.116 the tool is a knife; here it is a *testa*, "potsherd." Ablative of means.
secuit < *seco*, "cut (off)."

515 **iam pridem:** "long since, a long time ago."
rauca cohors: i.e., the procession of priests, who are *raucus* ("hoarse") from yelling.

515f **tympana ... plebeia:** "common tambourines," i.e., those of ordinary priests.

516 **et:** Understand *cui* (dative of possession) to introduce the clause.
Phrygia ... tiara: The worship and priests of Cybele came originally from Phrygia (Turkey); the *tiara* here is a sort of turban.
bucca: "cheek"; nominative.

517 **grande sonat:** "makes a loud noise"; *grande* is internal accusative. The subject is *semiuir*.
metui: present passive inifnitive < *metuo*, "fear"; in indirect statement after *iubet*.
austri < *auster*, "the south wind," thought to bring disease; it blew in the early fall, an unhealthy time at Rome.

518 **centum ... ouis:** ablative of means. *ouis* < *ouum*, "egg." Eggs are occasionally mentioned as propitiatory offerings; see Friedländer and Courtney ad loc.

lustrauerit < *lustro*, "purify" by means of an offering; the subject is the woman who hires the priest.

519 **xerampelinas** < *xerampelinae*, "dark-red clothes."
ipsi: refers to the *semiuir*; dative.

520 **quidquid ... discriminis:** "whatever danger."

521 **in tunicas eat:** The woman's potential bad luck will pass into the clothes which she is to give to the priest.
semel: "at once"; adverb.
expiet: The subject = "she."

522 The scene shifts slightly; the woman is now involved with Egyptian cults, especially that of Isis (made explicit in 526).
glacie < *glacies*, "ice."
descendet: The subject = "she."

523 **ter:** "thrice."
matutino < *matutinus*, "morning"; modifies *Tiberi.*

524 **uerticibus** < *uertex*, "pool"; i.e., she goes in all the way.
abluet < *abluo*, "cleanse."

524f **superbi ... regis agrum:** periphrasis for the Campus Martius, which once belonged to Tarquinius Superbus, last king of Rome. The temple of Isis was in it.

525 **cruentis:** modifies *genibus* (526).

526 **erepet** < *erepo*, "crawl over." For Isiac ritual, see sources in Courtney ad loc.
Io: Here, as often, used for Isis, Io was a Greek maiden raped by Zeus and turned by him into a white heifer to deceive Juno, who, not deceived, had her pursued by a gadfly all over the world. When she reached Egypt, she gave birth. Isis was an Egyptian goddess who became one of the most important deities in the ancient world (see Apuleius, *The Golden Ass*, esp. Book 11). Her divine husband was Osiris.

527 **ibit:** The subject = "the woman."
calida: "hot"; modifies *Meroe* (528).
petitas < *peto*, "seek"; modifies *aquas* (528).

528 **Meroe:** ablative singular; a city on the Nile, in the far south of Egypt. Holy water from Egypt was regularly used in the cult of Isis, though you did not normally have to go to get it yourself.
aede < *aedes*, "temple."

529 **Isidis:** genitive < *Isis*.
antiquo ... ouili: The temple of Isis stood in the Campus Martius next to the Ovile, the polling place at Rome (literally "sheep-pen": so called from its shape).

531 **en:** interjection: "Behold ...!"
animam et mentem: accusative of exclamation.
di = *dei*.

532-34 These lines describe a procession honoring Isis and the gods associated with her.

532 **hic:** subject of *meretur*; defined by *qui ... currit derisor Anubis* (533-34).
honorem: "(the women's) respect."

533 **linigero:** "linen-wearing"; the initiates of Isis wore linen clothes.
caluo: "bald"; the male initiates shaved their heads.

534 **plangentis populi:** as part of the festival of the death and resurrection of Osiris.
derisor Anubis: in apposition with *qui* (533), the subject of *currit*. Anubis was an Egyptian god of the dead, dog-headed, and important to Osiris' resurrection; here he participates in the procession. Courtney suggests that the epithet *derisor* comes not only from the priest's scorn but from the appearance of the dog-mask; perhaps it attests to ritual clowning by the dog-masked priest.

535 **ille:** the priest.
ueniam < *uenia*, "pardon."

536 **concubitu:** ablative of separation. Temporary celibacy for women as purification before religious rites was common, and was practiced for both sexes in the worship of Isis. See on 50.

537 **cadurco** < *cadurcum*, "linen coverlet," i.e., "bed."

538 **argentea serpens:** Snakes were associated with Isis; the "silver serpent" must be a cult image.

539 **illius:** still referring to the *ille* of 535 and the *hic* of 532.
meditata < *meditor*, "practice," here with passive sense.
praestant < *praesto*, here "ensure."

540 **abnuat:** "refuse"; subjunctive in a iussive noun clause. The subject is *Osiris* (541).

540f **ansere magno ... tenui popano:** ablative of means, depending on *corruptus*. *anser*, "goose"; *popanum*, "sacred cake." These are offerings.

541 **scilicet:** sarcastic and parenthetical: "(I suppose)."
Osiris: See on 526.

542-47 A Jewish wise woman.

542 **dedit ... locum:** "has given way."
ille: the priest of Isis.
cophino fenoque [= *faenoque*]: "basket and hay"; probably used to keep food warm over the Sabbath, and also associated with Jews at 3.14.

543 **Iudaea:** "a Jewish woman."

544 **Solymarum:** an adjective formed from *Solyma, -orum,* "Jerusalem"; modifies *legum.*

545 **arboris:** It is uncertain what Juvenal means by having a Jewish seer be a "priestess of the tree."
fida < *fidus*, "faithful."
internuntia: "(female) intermediary."

546 **implet et illa manum:** "this (quack), too, gets her hand filled"; the subject *illa* [= *Iudaea*] is positioned to contrast with the *ille* of 542.
aere minuto: ablative of price.

548-52 Eastern seers.

548 **spondet:** The subject is *haruspex* (550). On *haruspices*, see on 392.
orbi < *orbus*, "childless (man)," the target of legacy-hunters; see on 39-40.

549 **calidae:** because freshly killed.

pulmone < *pulmo*, "lung."

550 Commagenus: adjective; Commagene was a province in Syria.

551 pullorum < *pullus*, here "fowl."

rimabitur: Understand *haruspex* as the subject; < *rimor*, an agricultural technical term, "harrow," i.e., "rummage through."

exta: accusative plural; "entrails."

catelli < *catellus*, "puppy." The animals listed here are outlandish subjects for haruspicy.

552 faciet ... ipse: "He commits a crime that he himself may inform against" (Friedländer); i.e., he can get the woman in trouble for consulting him.

553-81 Astrologers. These were extremely popular during the first century A.D., and were often exiled en masse, because the emperors felt that people consulted them to find out when the emperor was due to die, to pick propitious times for assassination attempts. This line of thought colors Juvenal's argument especially at 565-68.

553 Chaldaeis: "man of Chaldaea"; used as a group name for astrologers, since the science originated in Babylon. Dative after *fiducia*.

554 fonte: the fountain of the oracle of Ammon in Egypt; here stands for the oracle itself.

555 Hammonis: genitive singular.

Delphis: locative.

555f quoniam ... futuri: a sarcastic parenthesis, explaining why it is Ammon and not the old chief oracle, Delphi, that these women use as a standard of comparison.

556 caligo: nominative singular; "darkness," i.e., "ignorance."

558 amicitia ... tabella: ablative of means.

conducenda: gerundive < *conduco*, implying here that he is available to the highest bidder.

559 ciuis: must refer to Galba, one of the emperors who ruled briefly in A.D. 69. He was succeeded by Otho, who had him assassinated at the instigation of an astrologer named either Ptolemaeus (Tacitus, *Historiae* 1.22-23) or Seleucus (Suetonius, *Otho* 4); see Courtney, who would bracket 558-59.

Othoni: dative after *formidatus*.

560 ferro: here "manacle."

561 longe: here "for a long time."

562 mathematicus: alternate term for *astrologus*.

genium: Here *genius* approximates its modern meaning "inspired talent, superhuman flair."

indemnatus: "uncondemned."

habebit: i.e., "will be thought to have."

563f These lines refer to the practice of exiling people to islands; some islands were worse than others.

563 Cyclada: accusative singular; a "Cycladic island" (between Greece and Asia Minor).

564 contigit: impersonal: "it has been allotted" + dative.

parua ... Seripho: ablative of separation with *caruisse*. Seriphos was a particularly bare island in the Cyclades; the impressive seer is one who has barely escaped death and only eventually escaped Seriphos.

565 **consulit:** The subject is *Tanaquil tua* (566).
ictericae < *ictericus*, "jaundiced."

566 **Tanaquil:** the ambitious wife of the elder Tarquin; sarcastic, since this wife cares little for her husband.

567 **efferat ... sit uicturus** [< *uiuo*]: subjunctives in indirect question; for *effero*, see on 175.
patruos < *patruus*, "uncle."
an: "whether."

569 **haec:** the woman described in 553-68, who consults the kind of astrologers who charts horoscopes; contrasted with the woman in 572-76, who knows the influences of different signs of the zodiac on future events. See Courtney ad loc.

571 **quis:** for *qui*, modifying *mensis*; understand *detur*.
lucro < *lucrum*, "profit."

572 **illius:** "of that woman" (opposed to *haec*, 569).
etiam: Construe closely with *occursus*.
memento: singular future imperative < *memini*.

573 **ceu:** "like."
pinguia sucina: "fat (or rich) amber balls"; ladies carried such balls for their sweet smell.
tritas < *tero*, "wear."

574 **ephemeridas:** astrological calendars.
quae: The antecedent is *illius* (572).
nullum: Understand *astrologum*.

575 **uiro ... petente:** ablative absolute. *petente*: here "making for, going to."

576 **pariter:** "at the same time, along"; construe with *ibit*.
numeris: i.e., the astrological calculations.
Thrasylli: Thrasyllus was the pre-eminent astrologer of the court of Tiberius; here a type-name.

577 **ad primum lapidem:** "to the first milestone (outside the city limits)," i.e., a very little way.
placet: impersonal verb: "it pleases (her)."

578f **si ... angulus:** i.e., a very little medical emergency.

579 **inspecta genesi:** emphasis on the participle, "only after ..."; *genesi*, "horoscope."
collyria: "eye-ointment"; accusative plural.

580 **licet:** here, as often, with the force of a conjunction in an argument: "suppose that ..." (+ subjunctive).
capiendo: gerundive, modifies *cibo* (581).

581 **aptior:** Here the comparative is emphatic: "quite fit."
quam: Understand *ea hora* as antecedent.
Petosiris: a fabled Egyptian astrologer.

582-91 Even poor women have cheap seers that they consult: lot-takers, phrenologists, palm-readers.

582 **mediocris:** "middle-class, blue-collar."
lustrabit: here "wander over."
utrimque: "on both sides," + genitive.

583 **metarum:** The *metae* were the turning-posts at the Circus; from this description, it seems that the space around them (as Friedländer describes it, in the end zones) was occupied by booths, like a fairground.
sortes < *sors*, "lot."

584 **uati** < *uates*, dative after *praebebit*.
poppysma: "lip smacking," i.e., a sound of amazement; accusative singular.
roganti: i.e., "expecting."

585-87 Juvenal recapitulates his description in 548-68.

585 **diuitibus:** substantive; understand *feminis*.
responsa: technical term for the answers of an oracle.
Phryx augur: i.e., the real McCoy, a genuine easterner. *Augur* is loosely used here to mean "prophet"; the augurs were Roman state priests who divined the future from the flight of birds.
inde: "from there," i.e., Phrygia.

586 **conductus:** "hired."
dabit [sc. *responsa*]: The subjects are *peritus* and *aliquis senior* (587).
peritus: "skilled (in)" + genitive.

587 **fulgura** < *fulgur*, "thunderbolt."
condit: "buries." The Roman haruspices performed special state ceremonies over lightning bolts that struck the earth (i.e., places struck by lightning).

588 **plebeium ... fatum:** Juvenal returns to the humble woman of 582-84.
aggere: The *agger* was the mound of the original city wall of Rome, in Juvenal's time a combination mall and street fair.

589 **longum ... aurum:** perplexing; 590-91 show that the clause describes a lower-class woman. What is she doing with *longum aurum* on her neck, and what is it? Presumably a gold necklace was a sign of vulgarity, or of peasant origin. See Courtney.

590 **falas:** The *falae* were apparently some kind of wooden structure in the Circus.
delphinorum columnas: columns ornamented with dolphins which ran up the longitudinal center line of the Circus and served as time-markers; a dolphin was removed after each lap. See Courtney on 582.

591 **an ... nubat:** indirect question, after *consulit* (590); *an* = "whether."
saga < *sagum*, "workman's cloak"; object of *uendenti*, "the one who sells."
caupone < *caupo*, "innkeeper."

592-609 Rich women dislike bearing children, and will go to great lengths to avoid it. Doctors in antiquity certainly recommended both contraceptives and abortifacients; see Keith Hopkins, "Contraception in the Roman

Empire," *Comparative Studies in Society and History* 8 (1965) 124-51. Ovid and Martial both claim women dislike being pregnant because it spoils their figures.

592 **hae:** the poor women described in the preceding lines.
partus: genitive; "giving birth."
subeunt < *subeo*, "undergo."
omnis: modifies *labores* (593).

593 **nutricis:** "of a wet nurse," i.e., "of a nursing mother"; see on 9.
fortuna urguente: "as their lot in life forces them to do."

594 The emphasis is on *aurato*, "gilded", the sign that the woman is wealthy.
puerpera: "woman in childbirth."

595 **huius:** the female purveyor of abortifacients described in 596-97.
tantum ... possunt: idiom: "such power do the ... have."
medicamina: "drugs"; understand a repeated *huius*.

596 **steriles:** Understand *feminas*.
homines: here "human beings"; see on 222.
uentre: = *utero*.
necandos: gerundive; here render as a gerund, "the killing of ..."

597 **conducit:** here "sells."
gaude, infelix: oxymoron, addressed to the husband.
bibendum: gerundive; modifies *quidquid* (598).

598 **uellet ... esses** (599): subjunctive in a present contrary-to-fact condition.

599 **pueris salientibus:** "with leaping boys."

600 **Aethiopis:** (genitive singular); because the wife has been having an affair with an Ethiopian.

601 **impleret tabulas:** idiom: "occupy your will," as chief heir.
numquam tibi mane uidendus: "(an heir) never to be seen by you in the morning." Two ordinary but inadequate explanations have been suggested: (1) that the wife will try to keep the husband from seeing the child in a clear light; (2) that the mother will kill the husband as soon as possible (*mox*) so that the child will inherit. The third explanation accounts for *mox* ("someday soon, eventually") and *impleret tabulas*, but depends on Roman folklore: Friedländer claims, with examples, followed by Courtney, that it was considered a bad omen to see a black man in the morning.

602 **suppositos:** "supposititious children," i.e., babies procured by the wife after a feigned pregnancy.
gaudia uotaque: the husband's.

603 **spurcos ... lacus:** problematic; must refer to some body of water at which women customarily abandoned babies. Washing pools, reservoirs, and public latrines have been suggested.

604 **pontifices:** another object of *transeo*. Only men born of especially aristocratic marriages were eligible to be *pontifex maximus*; Juvenal suggests that wives in such a marriage often picked up a future pontifex in the street.

salios: another object of *transeo*. The *Salii* were priests of Mars, also aristocratic.

Scaurorum: The Aemilii Scauri were an aristocratic Roman family.

nomina: object of *laturos* (<*fero*), 605.

606 **nudis infantibus:** dative after *adridens*.

hos: i.e., the naked, outcast babies.

omni = *toto*; modifies *sinu* (607).

608 **mimum:** "farce."

608f **se ingerit:** "forces herself (on)."

609 **ut:** "as."

-que: links *ingerit* and *producit*.

610-626 Women buy poisons and potions in order to manipulate or kill their husbands.

610 **hic ... hic:** "one ... another."

Thessala: modifies *philtra* (611). Thessaly was notoriously the home of witches.

611 **ualeat** < *ualeo* "have the power to"; subjunctive in a relative clause of purpose. The subject is "the wife."

612 **solea** < *solea*, "slipper"; ablative of means.

natis: accusative plural < *nates*, "rump"; understand *eius*.

quod: "the fact that."

desipis: Juvenal again places the interlocutor/audience in the position of the degraded *maritus*.

613 **caligo:** See on 556.

614 **modo:** "just."

tolerabile: Understand *sit*.

614A-C These lines have only limited manuscript support. They provide a protasis for the implied apodosis in 614, but so does 615. It is doubtful that the lines belong here at all, or that 614C goes with 614A-B.

614A **rimosa** < *rimosus*, "cracked."

dolia: See on 431-32.

614B **manantibus** < *mano*, "drip." 616A-B refer to the punishment of the Danaids in Hades, who perpetually carried water in leaky jars; here a metaphor for the maddening effects of the philtres on the husband.

614C **quo:** causal ablative, seemingly referring to the whole scenario of 614A-B.

rabidus: "mad."

nostro ... de rege: "from (being) our king." This line apparently addresses Caligula, who, however, is introduced afresh in 615.

dedisti: here "portrayed."

Phalarim: Phalaris was tyrant of Acragas in Sicily, who supposedly roasted his enemies in a brazen bull. Cf. 486.

615 **auunculus ... Neronis:** "uncle of Nero," Caligula.

616 **tremuli frontem ... pulli:** i.e., the hippomanes; see on 133. *pulli:* here, "foal."

Caesonia: wife of Caligula.

617 **quod ... uxor:** Understand *fecit*.

618 cuncta: loose substantive—"everything, the whole world."
conpage: See on 502.

619 non aliter quam si: "not otherwise than if ..."

619f The effect on the world from Caesonia's act is the same as if Juno had poisoned Jupiter.

621 boletus: "mushroom"; Agrippina supposedly used a dish of poisonous mushrooms to murder Claudius.
siquidem: "since."
praecordia: "diaphragm"; accusative plural.

621f unius ...senis [< *senex*]: i.e., Claudius, always stereotyped as a doddering idiot.

622 ille: refers to *boletus.*
tremulum caput: one of Claudius' afflictions.
iussit: The subject is still *ille*, the mushroom.

622f descendere ... in caelum: a mocking oxymoron; cf. on 132.

623 longa manantia labra saliua: another of Claudius's afflictions.

624f haec ... haec ... haec: contrasted with *ille* (622); Caesonia's *potio*, which Juvenal personifies as the true source of Caligula's cruelty to his subjects.

625 equitum < *eques*, "knight."
patres: short for *patres conscriptos*, "senators"; object of *lacerat.*

626 tanti ... tanti: genitive of indefinite value with *constat*, "cost so much"; a business technical term.
partus: nominative singular, "offspring."
equae < *equa*, "mare."
uenefica: nominative singular, "female poisoner."

627-61 Women will kill their stepchildren (or even their own children) out of avarice or malice.

627 oderunt: The subject is "women."
paelice < *paelex*, "concubine"; Courtney, following Duff, takes this to be the second wife's contemptuous name for the first wife. But this interpretation seems needlessly strained.

627f repugnet ... uetet: hortatory subjunctive.

628 iam iam: "nowadays."
priuignum < *priuignus*, "stepson."

629 pupilli: vocative plural < *pupillus*, "ward," i.e., fatherless boy; their mothers are after their property (*res*).

630 nulli ... mensae: dative after *credite.* Poisoned food is much feared in Tacitus' *Annales.*

631 liuida: literally "black and blue"; transferred epithet, since poison was said to turn the body blue.
adipata: nominative plural, "pastry."

632 mordeat < *mordeo*, "bite," i.e., taste"; hortatory subjunctive.

633 peperit < *pario*, "give birth (to)."
papas: nominative singular, "tutor"; a childish name, like "nanny."

634-37 An important parenthesis: Juvenal defends himself against an imagined claim that he has exceeded the bounds of satire and is encroaching on what is usually the subject matter of Greek tragedy which indeed focuses on assertive behavior in women as threatening and transsexual; cf. the *Oresteia*, in which Clytemnestra, even before the murder, is called "male."

634 **haec:** object of *fingimus*; refers to the matter of this passage.
altum ... coturnum: object of *sumente*; for *coturnum* see on 506.
satura: "(the genre of) satire."

635 **egressi** < *egredior*, modifies the subject of *fingimus* (634) and *bacchamur* (636).
priorum: genitive plural; substantive, "(our) predecessors."

636 **grande ... carmen:** properly describes epic poetry, not satire.
bacchamur < *bacchor*, "rave, rant out."
hiatu: "gape"; refers to the mouth-hole in the tragic actor's mask; thus to windy speech, or operatic noise levels.

637 **ignotum:** modifies *carmen* (636).
Rutulis: modifies *montibus*. The Rutulians were the chief Italian people hostile to Aeneas in the *Aeneid*; Juvenal is suggesting that his claims that women murder their male kin come out of Greek tragedy rather than Roman fact—a suggestion he will immediately deny.

638 **nos utinam uani:** Understand *essemus* (optative subjunctive). *utinam*, "would that ..."
Pontia: a woman notorious in the first century A.D. for poisoning her own children.
feci: "I did it!"

639 **aconita:** accusative plural; poison made from the plant wolf's-bane; often referred to in the context of murder, as we talk of cyanide.

640 **quae deprensa patent:** "things which, having been detected, lie revealed"; she takes pride in her work.

641 **tune** = *tu* + *ne*.
duos: Understand *natos*, object of *necauisti* (understood).
una ... cena: ablative of means.

643 **credamus:** here + dative (*tragicis*) + direct object (*quidquid ... Procne*, 643-44).
Colchide: "woman of Colchis," i.e., Medea, who kills her two children in Euripides' tragedy of that name.

644 **Procne:** ablative. Procne, wife of Tereus, killed their son Itys and served him to Tereus for dinner upon finding out that Tereus had raped and cut out the tongue of her sister Philomela.

645 **monstra:** "portents, horrifying acts."

646 **nummos:** "cash, money."

647 **facit:** here takes a double object, (1) *hunc sexum* (648) and (2) *nocentes* (substantive); the apposition of the collective noun with the plural noun follows sense rather than grammar.

648 **iecur:** object of *incendente*; the Romans located anger in the liver, while we would place it in the heart or guts.

649 **praecipites:** predicate adjective; "headlong."
ut: "like."
iugis: ablative with *abrupta*.

quibus: The antecedent is *saxa*; ablative with *subtrahitur*.

650 **cliuoque ... recedit:** difficult. The woman's runaway passions are compared to rocks or whole cliffs that fall down when the mountain itself shifts back from them.

651f Juvenal distinguishes premeditated crime, which he finds inexcusable, from the crimes of passion which he has excused (646-50).

651 **tulerim:** potential subjunctive.

conputat: "calculates."

scelus ingens: object of *facit* (652).

652 **spectant:** The subject is "these women."

subeuntem: modifies *Alcestim* (653).

653 **Alcestim:** Alcestis (as in Euripides' tragedy of that name) volunteered to die in place of her husband when it was fated that he had to die.

permutatio: "(chance for a) substitution."

654 **morte:** ablative of means.

catellae < *catella*, "she-puppy."

655 **Belides:** "granddaughters of Belus," the fifty daughters of Danaus (thus also = "Danaids"), forty-nine of whom murdered their husbands. See on 614B.

Eriphylae: nominative plural; Eriphyle betrayed her husband for a golden necklace.

656 **Clytemestram:** Clytemnestra, the adulterous wife of Agamemnon, murdered him with an axe.

uicus: See on 78.

657 **hoc tantum refert:** "This is the only difference ..."

Tyndaris: nominative; "daughter of Tyndareus," i.e., Clytemnestra.

bipennem < *bipennis*, "battle-axe."

658 **insulsam** < *insulsus*, here "boorish, unsophisticated."

fatuam < *fatuus*, "stupid."

dextra laeuaque: ablative of means; understand *manu*.

659 **tenui pulmone:** ablative of means

rubetae < *rubeta*, "toad"; thought to be highly poisonous; see 1.70.

660 **sed tamen et ferro:** Understand *agetur*. *ferro*: ablative of means.

praegustarit = *praegustauerit* < *praegusto*, "taste beforehand."

Atrides: nominative singular; "son of Atreus," i.e., Agamemnon—here a type-name for the endangered husband of the modern-day Clytemnestra.

661 **cautus:** modifies *Atrides* (660).

Pontica ter uicti ... medicamina regis: Juvenal refers to Mithridates, king of Pontus, who supposedly safeguarded himself against being poisoned by eating little bits of poison every day. *Ter uicti* refers to the fact that Mithridates was defeated three times by the Romans. As Housman said ("Terence, this is stupid stuff"):

> —I tell the tale that I heard told.
> Mithridates, he died old.